Die Neckarhelle

und

ihre Menschen

Die Neckarhelle

und

ihre Menschen

zusammengestellt
von Uwe Bührlen

zusammen mit
vielen Neckarhellern, Ziegelhäusern und Nichteinheimischen

Ein fotografischer Streifzug zur 125. Wiederkehr der Gründung des
Vereins Neckarhelle 1887 Ziegelhausen e.V.
im Jahre 2012

Titelbilder:	Zugefrorener Neckar an der Adlerüberfahrt im Jahre 1908
Titel:	Die Neckarhelle und ihre Menschen
Herausgeber:	Verein Neckarhelle 1887 Ziegelhausen e.V.
Text und Zusammenstellung:	Uwe Bührlen
Redaktion:	Rainer Rössig
Bildnachweis:	Alle Abbildungen stammen vom Herausgeber, soweit nicht anders vermerkt.
Herstellung:	verlag regionalkultur (vr)
Satz:	Harald Funke und Manuel Brödner (vr)
Umschlaggestaltung:	Harald Funke (vr)

ISBN 978-3-89735-731-0

Bibliographische Information der Deutschen Bibliothek
Die Deutsche Bibliothek verzeichnet diese Publikation in der Deutschen National-
bibliographie; detaillierte bibliographische Daten sind im Internet über http://
dnb.ddb.de abrufbar.

Diese Publikation ist auf alterungsbeständigem und säurefreiem Papier
(TCF nach ISO 9706) gedruckt entsprechend den Frankfurter Forderungen.

verlag regionalkultur
Ubstadt-Weiher • Heidelberg • Basel

Korrespondenzadresse:
Bahnhofstraße 2 • D-76698 Ubstadt-Weiher
Tel. 07251 36703-0 • *Fax* 07251 36703-29
E-Mail kontakt@verlag-regionalkultur.de • *Internet* www.verlag-regionalkultur.de

Inhalt

Es grüßen ... die Neckarheller.

Die Neckarhelle von Westen.
Grüße zum Neuen Jahr 1901 von Familie Reinhardt

Vorwort

Liebe Ziegelhäuser, liebe Neckarheller insbesonders,

Menschen werden geboren und wachsen auf, sie gehen mit mehr oder weniger Freude zur Schule und zur Arbeit, sie leben und leiden, sie freuen sich und oft genug gibt es auch Grund zur Trauer. Leid bleibt nicht aus, aber immer gibt es auch Anlass zum Feiern.

Und schließlich – auch das gehört zum Leben – sterben wir alle einmal.

Ob wir dann und wie lange wir in der Erinnerung der Zurückgebliebenen unsere Spuren noch weiter ziehen, bis sie irgendwann einmal ganz verlöschen, hängt von unserem Lebensweg und von unserem Lebenswandel, vom Zufall, vom Schicksal und vielleicht auch vom Willen ab, mit dem wir durch dieses Leben geschritten sind.

Und natürlich auch von der Nachwelt.

Wenn sie es will, verbleiben wir noch ein paar Jährchen länger unter ihnen, in ihrer Erinnerung, in ihren Gedanken, in ihren Erzählungen, im Lachen, im Weinen, hoffentlich nicht im Schimpfen. Aber selbst das macht uns einen Hauch unvergänglicher.

Fotografie hat schon immer dazu beigetragen, Momente festzuhalten, Augenblicke, die ihre Bedeutung meist erst im Nachhinein bekommen sollten. Gute und schlechte, erfreuliche und betrübliche, aber auf jeden Fall dauerhafte.

Vereine und Vereinigungen, welcher Richtung auch immer, stehen für Weitergabe von Gepflogenheiten, für Fortentwicklung von Ideen und gleichzeitig für Bewahrung des Althergebrachten, also für Tradition.

Gründungsmitglieder des *Neckarheller Clubs* im Jahre 1889

Im Jahre 1887 wurde der *Neckarheller Club* gegründet, der auf Initiative von Georg und Jean Reinhardt zum *Gemeinnützigen Verein Gemeinde Neckarhelle*, heute *Verein Neckarhelle 1887 Ziegelhausen e.V.*, umgewandelt wurde.

Dieser trat am 1. Februar 1908 zu seiner konstituierenden Versammlung zusammen. Bekannt und beliebt war, ist und bleibt er unter dem Kurznamen *Neckarheller Verein*.

Der Vorstand im Jahre 1987

Der Vorstand im Jahre 2012

Sein Zweck war die Wahrung der Interessen der Bürger in der Neckarhelle.
Sein erster Vorsitzender wurde Jean Reinhardt.

Jean Reinhardt (1908 – 1934)

Seine Nachfolger waren Adam Wolf, Leonhard Daub, Georg Ziegler, Kurt Michaeli
und jetzt Rainer Rössig.

Adam Wolf (1949 – 1953)

Leonhard Daub (1953 – 1956)

Im Jahre 1912, also vor genau hundert Jahren, führte der Verein dann das erste Mal
den Sommertagszug durch und das ist bis heute so geblieben.

Georg Ziegler (1956 – 1973)

Kurt Michaeli (1973 – 1994)

In den Kriegsjahren ruhte das Vereinsleben. Das war von 1914 bis 1919. Ab 1934 fiel der Verein der Gleichschaltung zum Opfer.

Rainer Rössig (seit 1994)

1949 ging es dann unter neuer Leitung und mit den alten Zielen neuen Zeiten entgegen.

Der Eintrag ins Vereinsregister erfolgte 1978.

Auf diese Weise hat der *Club* die Zeiten überdauert und ist nunmehr im dritten Jahrhundert seit seiner Gründung gelandet und erfreut sich bei konstanter Mitgliederzahl großer Beliebtheit. Längst ist er kein Neckarheller Verein mehr. Seine Türen stehen jedem Interessierten offen. Nicht zuletzt auch deshalb, weil die *echten* Neckarheller mittlerweile fast ausgestorben sind, die Neubürger jedoch ebenso Anteil am Leben ihrer neuen Wahlheimat haben und eine Heimstatt finden sollen, wo sie sich einbringen können.

125 Jahre sind eine lange Zeit. Daher ist es auch ein guter Grund, diese lange Zeit gebührend zu feiern.

Zum Feiern gehört jedoch auch das Gedenken an Vergangenes. Ich erinnere mich, dass es früher üblich war, an hohen Festtagen, auch freudigen, wie zum Beispiel einer Hochzeit, vor Beginn der Festivitäten die Gräber der Ahnen in stillem Gedenken aufzusuchen.

Gelegentlich wurde daraus wahrscheinlich auch eine respektvolle *Lachnummer*, wenn man etwa vor dem Grab vom *Kürvel* (*Kirfl*) oder dem seines Petterich dem *Mozart* stehenblieb und einem das ein oder andere zu den beiden einfiel ...

Zur Neckarhelle und zu Ziegelhausen ist schon viel geschrieben worden.

Ob es *Karl Christ* in seinem Büchlein der *Heimatkunde von Ziegelhausen bei Heidelberg und der Bergsträßer Allmendwald* (1926) war oder *Reinhard Hoppe* mit seinem Klassiker *Das Dorfbuch der Gemeinde Ziegelhausen bei Heidelberg* (1940) oder seinem *Heimat um Heidelberg* (2. Aufl. 1963) und noch winziger das Heftchen *Land, Leute und Leben um Heidelberg, Heimatkundlicher Lesebogen, 3. Das Neckartal* (Erscheinungsjahr unbekannt), *Die Flurnamen von Ziegelhausen* (Oberrheinische

10

Flurnamen Band 3, Heft 6, 1956) oder die *Sagen vom Rhein zum Main* (1963), die mir bei nächtlicher Lektüre als Kind mehr als einmal heimliche Schauer über den Rücken jagten. Dem Ereignis angemessen war auch die Neuauflage des *Dorfbuches* in Form der Festschrift und, wenn man so will, Abschiedsschrift vom unabhängigen dörflichen Eigenleben *750 Jahre Ziegelhausen 1220–1970* (1970).

Auf Grund der Eingemeindung wird wohl sie die letzte umfassende Darstellung bleiben.

Mit *Ernst Hug erzählt Ziegelhäuser Geschichten* (1986) wurde die Geschicht(s/en)schreibung persönlicher und leidenschaftlicher, weil subjektiv. Humorvoll und nachdenklich zugleich. Ein klein bißchen wehmütig auch, weil vergangen.

Letztlich gibt es noch eine Veröffentlichung von *Benedikt Pahl*, die sich weniger mit *Ziegelhausen* oder der *Neckarhelle* im Ganzen als vielmehr mit dem *Stift Neuburg* befasst, mit dem Titel *Abt Adalbert Graf von Neipperg (1890–1948) und die Gründungs- und Entwicklungsgeschichte der Benediktinerabtei Neuburg bei Heidelberg bis 1949* (1997). Doch auch dieses umfangreiche Werk gehört mit in den Reigen, denn wer wollte schon ernsthaft behaupten, *unsere Stifter* seien nicht Teil von uns.

Alle bisherigen Schriftwerke waren mehr, meist weniger reichlich bebildert mit Ortsansichten oder neutralen Objekten und Ereignissen, um es einmal wertfrei zu bezeichnen.

Die Neckarhelle am Fluss und Ziegelhausen aus der Luft

Beim Sortieren alter Fotografien vor einiger Zeit kam es mir in den Sinn, dass man durchaus auch einmal eine kleine Zeitreise machen könnte, bei der es konkret um die Menschen geht, die mit ihrem Dasein das Leben in der Neckarhelle ausgemacht haben. Dazu habe ich aus eigenen Fotoalben und unter Mithilfe vieler Neckarheller und Ziegelhäuser eine Reihe von Abbildungen zusammengetragen und mit kleinen Texten versehen, bei deren Betrachten und Lesen manch eine Erinnerung erwachen und zu einem erstaunten „… *des haw'isch joo längschd vagessä* …" oder zu einem „… *weesch noch* …" führen wird.

Und damit wären wir wieder am Anfang. Bei der Sache mit dem Vergessen, bei den Spuren, die man hinterlässt, und bei dem Respekt vor dem Vergangenen.

Schwaikheim / Ziegelhausen

1. Die Neckarhelle

Man kann sicher lange streiten, wo für wen die *Neckarhelle* anfängt. Geografisch oder amtlich oder postalisch.

Altes Ortsschild

Sicher hängt das davon ab, wo der jeweilige *Neckarheller* aufgewachsen ist. Je mehr unten, also Richtung *Heidelberg* hin, umso weiter unten fängt die *Neckarhelle* für ihn oder sie vielleicht an.

Gehört der *Büchsenacker* dazu, oder nicht? Der *Ruß*, die *Mausbach*, das *Stift*, das *Bergwerk*, der *Wingert*? Was ist mit all denen?

Rein gefühlsmäßig ist für viele die untere Grenze der *Ruß*, die obere die Mündung der *Steinbach* beim *Mohre Lui*. So wie man in *Ziegelhausen* sagt, *die Bach*. Egal ob *Maus-*, *Stein-* oder *Bärenbach*. *Die Bach* heißt es. Grammatikalisch falsch, *Ziggelhaiserisch rischdisch*.

Die beiden sind jedenfalls noch nicht *Heidelberg* und auch noch nicht *Dorf*.

Dazwischen also wird die *Neckarhelle* ab sofort definiert. Am *Neckar* entlang, die Hänge hinauf, hinterm Stift und in der dunklen *Mausbach*.

Das *Köpfel* mag man getrost dazurechnen, denn welcher Sonntagsspaziergang mit dem Vater oder dem Großvater – vormittags, wenn die Frauen zu Hause die Kartoffeln für die *Kardoffelknepf* dämpften, rieben und rollten, oder nachmittags, wenn die mühsam gerollten *Kardoffelknepf* dann im Handumdrehen vertilgt waren – endete nicht in der *Köpfelschänke* beim *Mohre Willi* und seiner *Anni*? Kaum einer.

Mündung der Steinbach beim *Mohre Lui*

Und wenn *Ziegelhausen* ein Luftkurort ist, wie man auf dem Schild am Anfang sehen kann, dann sind wir es in der *Neckarhelle* sowieso, denn hier unten kann man auch noch baden, in klarem Wasser (damals) und bei guter Luft.

Man muss nur aufpassen, dass einem der *Krackerle* oder der *Hoogemonn* nicht holt. Auch der *Nachtkrabb'* ist nicht ohne Schrecken.

Damit aber können andere schon einmal nicht dienen.

14

2. Ein weither gereister Fremder in Ziegelhausen

Was hat aber nun ein *Ruß*, ein Russe nämlich, mit unserer *Neckarhelle* zu tun?

Diese wahre Geschichte reicht ein gutes Stück weit zurück. Nämlich ungefähr zweihundert Jahre, genauer gesagt in das Jahr 1815 hinein.

Damals weilten nach den Napoleonischen Kriegen viele berühmte Herrschaften zur Neuordnung Europas in *Heidelberg*. Unter anderem auch der russische Zar *Alexander* mit seinen beiden Brüdern *Michael* und *Nikolaus*. Letztere logierten im *Haarlaß*.

Am 22. Juni 1815 nun, die Fachleute streiten darüber warum, ertrank an dieser Stelle der Kutscher des Großfürsten bei Hochwasser. Hochwasser ist im Juni nichts Außergewöhnliches für die *Neckarhelle*, man denke nur an den Himmelfahrtstag des Jahres 1977. Die Umstände jedoch blieben strittig.

Die einen sagen, er habe die Pferde zur Tränke an das Ufer geführt, die anderen halten dagegen, so einfach sei das nicht, vielmehr habe er den Auftrag bekommen, eine eilige Depesche an den in *Heidelberg* weilenden Zaren zu überbringen. Dabei habe er versucht, Hochwasser hin oder her, mit einem Pferd den Fluss zu durchschwimmen und sei dabei ertrunken.

Wie immer es in Wirklichkeit gewesen sein möge, ertrunken ist er trotzdem.

Zum Angedenken an seinen unermüdlichen Diener ließ sein Dienstherr einen Stein meißeln und hier aufstellen. Dieser trägt folgende Inschrift:

„Hier starb im Dienste seines Herrn /
der mit der Russen Heeresbann /
gezogen war aus weiter Fern. /
ein treuer Knecht, ein stiller Mann. /
Theodor Joseph Pernewitsch. /
Kutscher des Großfürsten Michail /
ertrank im Neckar am 22. Juni 1815 /
in seinem Berufe. /
Das Kreutz auf seinem Grabe spricht /
Wies draußen stürmet, raset und treibt /
Bei mir ist Liebe, Stärke, Licht. /
Zum Kreutze blick, beim Kreutze bleibt. /"

Der Russenstein beim *Haarlaß*

Wer hier auf der Hangseite den Stein sucht, findet ihn unterhalb der stein- und felsreichen *Neuenheimer Schweiz* beim *Haarlaß*.

Leicht erhöht in der Kurve an der Einmündung des dunklen *Haarlassweges* liegt er, neu renoviert. In seiner Nähe bietet eine hölzerne Bank dem Wanderer Gelegenheit zum Ausruhen.

Felsformation in der *Neuenheimer Schweiz* beim *Haarlaß*

Nach wenigen Schritten befindet sich dieser dann auch schon in *Ziegelhausens* westlichstem Teil, der unteren *Neckarhelle*.

Ein alter Grenzstein mit
dem Ziegelhäuser Wappen

3. Fährleute

Während vielleicht auf der gegenüberliegenden Seite ein Zug unter dem Übergang am *Hausacker* durchzischt und an der geheimnisvoll dunklen, halb im finsteren Schlierbacher Wald verborgenen *Teufelskanzel* vorbeidonnert, könnte man sich wohl überlegen, wie wohl ein feuriger Liebhaber von hier unten, der, sagen wir einmal, eine Schöne von drüben, *vunn doo driwwe*, kennengelernt hat und sie besuchen möchte, wohl hinüberkommt, *niwwer kummt*, ohne den schlechtesten, weil durchnässten Eindruck zu machen bei seinem Anrittsbesuch.

Auch wenn, wie ein alter Witz geht, die Schlierbacher eher nach *Ziegelhausen* kommen, um hier spazieren zu gehen, weil jenseits nie die Sonne scheint.

Fähre Maisch-Lochner am *Hausacker*

Aber die Schwierigkeit bestünde ja umgekehrt genauso.

Die Lösung des Problems liegt nicht weit entfernt in Form einer Personenüberfahrt, die ursprünglich Gäste des *Parkhotels Haarlaß* bei ihrem Ausflug in die nahe Stadt hinüberschippern und zurück bringen sollte.

Idyllisch ist die Ecke hier. Mit schönem Blick auf den Neckarbogen und die Silhouette *Heidelbergs* mit der *Heiliggeistkirche*, der *Jesuitenkirche* und dem Stauwehr im Hintergrund lässt es sich auf der Bank am Ufer gut warten, bis der Fährmann, der gerade drüben abstößt, herübergerudert ist.

Fährmann Johann Maisch mit Bäckersfrau Else Heidenreich

Überhaupt ist es an Flüssen immer ein Problem gewesen, auf die andere Seite zu kommen.

Fährboot von Otto Rohrmann aus *Schlierbach.* 1959

In alten Zeiten, als der Brückenbau vermutlich eine noch größere Schwierigkeit darstellte als heute, blieb man da wahrscheinlich lieber unter sich. Da wusste man, was man hatte.

So hat sich denn auch in der *Neckarhelle,* und überhaupt in *Ziegelhausen,* das Fährgewerbe lebhaft entwickelt.

18

Schauspieler Paul *Paulchen* Kempp und der Wolfe Johann

Der *Wolfe Johann* zum Beispiel hat manch eine Filmberühmtheit sicher über den *Neckar* gebracht und seine Hütte war über und über tapeziert mit Postkarten aus aller Welt.

Mit dem Filmschauspieler *Paul Kempp* unterhielt er eine jahrelang andauernde Freundschaft.

Als das Hochwasser die geliebte Hütte wegriss, ging für ihn eine Welt unter.

„… *Komm' in die Gondel, mein Liebchen, ach' steige doch ein …*"

Johann Wolf mit seinem Boot und Ruderern sowie Fahrgästen

Mit diesem und anderen Wohlklängen unterhielt der *Mohre Lui* seine Fahrgäste, bis sie das andere Ufer erreicht hatten und dort in die blaue *Elektrisch'* nach *Heidelberg* einsteigen konnten.

Die Überfahrt von Ludwig Mohr am unteren Neckarweg

Da die erste Ziegelhäuser Brücke nach nur einjähriger Bauzeit erst 1914 eingeweiht werden konnte, musste für die Bewohner des *Dorfes* und die von *Unnedraus* oder vom *Hahnberg* auch vorher schon eine Möglichkeit bestehen, den Zug am Bahnhof in *Schlierbach* von und nach *Heidelberg* oder neckaraufwärts nach *Neckargemünd*, *Eberbach* und *Heilbronn* zu erreichen.

Die *Näh*, Fähre nahe der späteren Brücke

Dafür sorgte, wenn auch nicht mehr zur *Neckarhelle* gehörig, eine weitere Fähre, die letzte in *Ziegelhausen,* die auch größere Fuhrwerke und Lastwagen transportieren konnte, die *Näh* genannt.

Hier in unmittelbarer Nähe stand und steht auch heute noch die Brücke.

Wahrscheinlich gab es hin und wieder von einem spendablen oder dankbaren Gast auch einen Extragroschen für den Ruderer.

Motorboote waren noch nicht die Regel und kamen erst später in Gebrauch.

Irgendwann hatte auch der *Wolfe Hannes* einen Motor und machte sich das Leben verdientermaßen ein wenig leichter.

Johann Wolf mit Neckarheller Nachwuchs

Der Jugend schien es auch nicht schlecht zu gefallen, von ihm hin und her *gegondelt* zu werden.

Was ihm aber gar nicht gefiel, war, wenn die Jugend seinen frisch geharkten Fußweg, der zum Boot hinunter führte, in Unordnung brachte.
Denn ... ,
„... *wonn die foine Doome mit ihre waisse Schühlin kumme* ...“,
musste alles einen tadellosen Eindruck bei „... *de foine Doome* ...“ hinterlassen.
Nicht umsonst bedankten sich diese wie auch „... *die foine Herrn* ...“ mit einer Postkarte von weither.
Nicht immer jedoch hatte der Fährmann Arbeit.

Morgenstimmung mit *Jägerhaus* und katholischer Kirche

Manches Mal war er bestimmt auch einmal froh, nichts tun zu müssen und den herrlichen Blick über den *Schlierbacher Hang* zum *Königstuhl* hinauf, genießen zu können.

Fahrschein für die Fahrt zwischen Ziegelhausen und Schlierbach

So war also auf ganzer Strecke dafür gesorgt, dass, wer wollte oder musste, auch ganz und gar heil hinüberkam nach *Schlierbach* und weiter.

Kettenschlepper

Niwwa.

Schlierbach in den zwanziger Jahren

Oder natürlich auch, wer nach *Ziegelhausen* herüber wollte, damit auch er oder sie einmal die Sonne zu sehen bekam.
Riwwa.

Die *Adler* bei der Adlerüberfahrt

Fährmann Georg Müller und Schwiegersohn Ludwig Mohr von der Adlerüberfahrt

Unn widda zurigg.

Fährboot in der Neckarhelle

Fährmann Johann Wolf

4. Arbeitende

Es waren jedoch nicht nur die Lustwandler und die Liebenden, die die Dienste der Fährleute in Anspruch nahmen, sondern die Überfahrten dienten auch dazu, Arbeiter und Angestellte an ihren Arbeitsplatz zu bringen, morgens hin, abends zurück, tagaus, tagein.

Die Schuhfabrik beispielsweise bot bis zu ihrer Schließung im Februar 1979 dreiundneunzig Jahre lang vielen *Ziegelhäusern* Lohn und Brot. Und vor allem die *Neckarheller* nutzten die Fähre zum morgendlichen und abendlichen Übersetzen. Als Schuhfabrik *Wilz* feierte sie, nachdem der Fabrikant *Herrmann* sie 1901 an *Hermann Wilz* verkauft hatte, 1927 ihr fünfundzwanzigstes Firmenjubiläum.

Fünfundzwanzigstes Firmenjubiläum der Schuhfabrik Wilz. 1927

Offiziell eröffnet wurde sie nämlich am 5. Mai 1902.

Der gesamte Gebäudekomplex mit seinem jedem weithin bekannten typischen Aussehen fiel schließlich 1992 der Abrissbirne zum Opfer.

Visitenkarte der Schuhfabrik Wilz

So wurde aus *Schlierbach* nicht nur das Gegenüber sondern auch ein Stück des alltäglichen Lebens.

5. Wetter und Jahreszeiten

Manchmal allerdings machten auch die Jahreszeit oder das Wetter oder beide zusammen den Fahrgästen wie auch den Schiffern einen Strich durch die Rechnung.

Hochwasser 1919 an der *Drehscheibe*

Hochwasser 1947 in der *Hauptstraße*

Vor allem kamen die Unwetter, die Überschwemmungen und Hochwässer und auch die strengen Winter – zumindest damals noch – nicht nur einmal in einem Jahrhundert vor …

Hochwasser 1947 an der *Drehscheibe*

… und es hat fast den Anschein, als hätte es immer dieselben am härtesten getroffen.

Land unter in einem Neckarheller Garten, Christi Himmelfahrt 1977

Schnee, Eis, Hochwasser, Regen und Sturm, alles zusammen oder jedes für sich brachten den Fährverkehr mehr als einmal zum Erliegen.

Hochwasser 1947 an der *Stiftsmühle*

Die Baracken unter Wasser!

Wer es da dennoch wagte, den Naturgewalten zu trotzen, konnte sich unweigerlich in enorme Gefahr bringen. Oder sie wurden ihm ganz und gar zum Verhängnis.

Wer bei zugefrorenem *Neckar* noch schnell hinüber nach *Schlierbach* wollte, musste sich eilen und vor allem aufpassen, denn der Eisgang konnte schnell und überraschend kommen.

Zugefrorener *Neckar* an der Adlerüberfahrt im Jahre 1908

Eisdicke 40 cm

Eisgang im Jahre 1929

Andererseits war es für Jung und Alt auch reines Vergnügen, über die oftmals trügerische Eisfläche zu wandeln oder zu gleiten … zu *glennen*, wie es hierzulande heißt.

Zugefrorener *Neckar* im Jahre 1954

Nicht immer war der Fluss ein Vergnügen und nicht immer diente er der Erholung, dem Badespass oder dem Nahrungserwerb.
Er konnte auch – direkt oder indirekt – zur tödlichen Falle werden.

6. Opfer

Ausgerechnet zwei Fährleute waren es, die in Ausübung ihrer Tätigkeit ihr Leben lassen mussten. Ein junges Leben und ein gelebtes Leben.

Johann Wolf vor seiner geliebten Hütte in der Neckarhelle

Im Oktober 1950 geschah es.

Gasthaus *Zum Schwarzen Schiff* Jakob Wallenwein

Als der *Wolfe Johann* nach einem *Verdele* in Wallenweins *Schwarzem Schiff* unachtsam hinter der wartenden Straßenbahn auftauchte, wurde er von einem Personenwagen erfasst, wobei er zu Tode kam.

Im November 1961 dann war es der Sohn des Fährmanns *Ludwig Mohr, Robert*, ebenfalls Fährmann, der auf nahezu gleiche Weise sein junges Leben geben musste.

Trauerflor am Fährboot

Ziegelhäuser Fährmann Robert Mohr tödlich verunglückt

Ein unerbittliches Schicksal riß am Sonntagabend Robert Mohr, den 29jährigen Fährmann von der Adlerüberfahrt in Ziegelhausen, aus dem Leben. Nachdem er, wie Jahr für Jahr, vom Morgen bis in die Nacht den Fährdienst versehen hatte, wollte er vermutlich zum Feierabend noch in die Stadt fahren. Jedenfalls überschritt er um 22 Uhr die Schlierbacher Landstraße von der Gutleuthofkapelle zur Straßenbahn-Haltestelle. Dabei erfasste ihn ein PKW, der in Richtung Heidelberg fuhr, und schleuderte ihn zur Seite. Gleich darauf überfuhr ihn ein nachfolgender Wagen. Jede Hilfe kam zu spät, Robert Mohr starb auf der Fahrt in die Klinik.

Ein Nelkenstrauß und ein Trauerflor an der Schiffsglocke des Bootes, das er jahrelang geführt hatte, war gestern morgen das erste Zeichen der Trauer. Keiner der vielen Ziegelhäuser, die im Lauf des Vormittags übersetzten und die freundliche Begrüßung Roberts als eine kleine Freude im grauen Alltag gewohnt waren, wollte begreifen, was geschehen war. Wer die Pläne Robert Mohrs im Zusammenhang mit seiner Mitarbeit bei der Zeitschrift „European Life" kannte, seine erfolgreichen Bestrebungen, eine internationale Brieffreundschaft junger Menschen aus aller Welt auf christlicher Grundlage aufzubauen, der weiß, dass durch den tragischen Unfall noch mehr verloren wurde, als ein fröhlicher Fährmann, den viele ins Herz geschlossen hatten. Den Eltern und Großeltern Robert Mohrs wendet sich die allgemeine Anteilnahme zu. Sie und alle Freunde des Verstorbenen geben ihm das letzte Geleit am Donnerstag, 23. November, um 15 Uhr auf dem Friedhof Ziegelhausen.

Die *Elektrisch* am *Hausacker* mit *Haarlaß*

Auf dem Weg in einen amerikanischen Club in *Heidelberg* war er, ein wenig verspätet und wahrscheinlich in Eile, in *Schlierbach* vermutlich der Straßenbahn nachgesprungen und dabei von einem herannahenden Wagen angefahren worden. Dieser schleuderte ihn so unglücklich zu Seite, dass ein nachfolgendes Fahrzeug ihn überrollte. Auf dem Weg zum Krankenhaus erlag der Neunundzwanzigjährige seinen Verletzungen.

So forderte der Fluss seinen Zoll von diesen beiden allseits beliebten und geachteten Männern.

Aber nicht nur Unfallopfer gab es. Auch Gewaltverbrechen wurden verübt und eines konnte bis heute nicht aufgeklärt werden.

Als am 29. August 1963 jene schreckliche Tat an einer Taxifahrerin aus *Schönau* verübt wurde, war nichts mehr, wie es einmal gewesen war.

Die frühen Morgenstunden dieses Spätsommertages veränderten die kleine Welt des Dorfes und das dörfliche Leben schlagartig.

Die Kinder wurden, wie auch vorher schon, doch jetzt eindringlich wie nie, davor gewarnt, sich mit ihnen Unbekannten auf ein Gespräch einzulassen, geschweige denn, mit ihnen wegzugehen, in ein Auto zu steigen, Bonbons, Schokolade oder andere Süßigkeiten und sonstige verlockende Gaben anzunehmen.

Frauen wurden von ihren Männern oder Familienangehörigen zur Arbeit begleitet und am Abend wieder abgeholt.

Die Tat wurde nie vergessen und nach dem Täter in einer Fernsehsendung sieben Jahre später, leider ohne Erfolg, erneut gefahndet.

Morgens um 3.15 Uhr gellten beim Stift Neuburg Hilferufe durch die Nacht

Der Heidelberger Taximord von 1963, eines der Aufsehen erregendsten Verbrechen der letzten Jahrzehnte, wird jetzt wieder aufbereitet – RNZ-Serie „Ungeklärte Mordfälle"

Das Opfer von 1963: Die damals 46 Jahre alte Taxifahrerin aus Schönau. Foto: keine

Zeitungsartikel über den Taximord vom 29. August 1963 auf Grund der Wiederaufnahme der Ermittlungen im Jahr 2009

Als am 18. Januar 1976 der *Tatort* über den sonntäglichen Bildschirm flimmerte, hielt ganz Ziegelhausen den Atem an, die Straßen waren leergefegt, keiner war unterwegs. Außer dem ein oder anderen Unverbesserlichen – mag sein.

Dieser Krimi spielte nicht nur in *Heidelberg* – nein! – die Dreharbeiten am *Köpfel* mit mehr oder weniger Schauspielerprominenz waren nicht unbeobachtet geblieben.

Bescheiden, aber immerhin …

Die kurze Einstellung, in der der Wagen den *Kuhweg* herauf gefahren kam, ein kurzer Schwenk über den gut erkennbaren *Stifter Buckel* mit den Türmen der

Heidelberger Stadtkirchen im Hintergrund war dann aber auch schon alles.

Immerhin ... auf diese Weise war *Ziegelhausen* und die *Neckarhelle*, bedingt durch die Aufnahmen *hinter'm Stift* zu kurzer filmischer Berühmtheit gelangt.

Ein zweites Mal, dass das *Stift* kriminalistisch in Erscheinung trat, wenngleich in diesem Falle filmliterarisch.

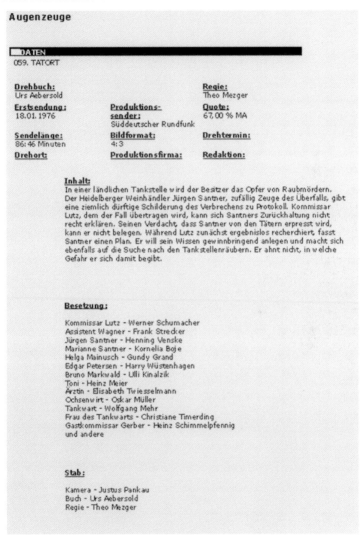

Augenzeuge

DATEN
059. TATORT

Drehbuch:
Urs Aebersold

Regie:
Theo Mezger

Erstsendung:
18.01.1976

**Produktions-
sender:**
Süddeutscher Rundfunk

Quote:
67,00 % MA

Sendelänge:
86:46 Minuten

Bildformat:
4:3

Drehtermin:

Drehort:

Produktionsfirma:

Redaktion:

Inhalt:
In einer ländlichen Tankstelle wird der Besitzer das Opfer von Raubmördern. Der Heidelberger Weinhändler Jürgen Santner, zufällig Zeuge des Überfalls, gibt eine ziemlich dürftige Schilderung des Verbrechens zu Protokoll. Kommissar Lutz, dem der Fall übertragen wird, kann sich Santners Zurückhaltung nicht recht erklären. Seinen Verdacht, dass Santner von den Tätern erpresst wird, kann er nicht belegen. Während Lutz zunächst ergebnislos recherchiert, fasst Santner einen Plan. Er will sein Wissen gewinnbringend anlegen und macht sich ebenfalls auf die Suche nach den Tankstellenräubern. Er ahnt nicht, in welche Gefahr er sich damit begibt.

Besetzung:

Kommissar Lutz - Werner Schumacher
Assistent Wagner - Frank Strecker
Jürgen Santner - Henning Venske
Marianne Santner - Kornelia Boje
Helga Mainusch - Gundy Grand
Edgar Petersen - Harry Wüstenhagen
Bruno Markwald - Ulli Kinalzik
Toni - Heinz Meier
Ärztin - Elisabeth Twiesselmann
Ochsenwirt - Oskar Müller
Tankwart - Wolfgang Mehr
Frau des Tankwarts - Christiane Timerding
Gastkommissar Gerber - Heinz Schimmelpfennig
und andere

Stab:

Kamera - Justus Pankau
Buch - Urs Aebersold
Regie - Theo Mezger

Kurzbeschreibung und Besetzung des Tatorts *Augenzeuge*
vom 18. Januar 1976

Die Spielszenen zeigen die gute …

Szenefoto aus dem Tatort *Augenzeuge* vom 18. Januar 1976 mit Werner Schumacher alias Kommissar Lutz (rechts) und Frank Strecker alias Assistent Wagner (Mitte)

… und die böse Seite.

Szenenfoto vom Überfall auf die Tankstelle

7. Hotels, Gastwirtschaften, Kneipen

Wenn die Hübsche, die wir drüben zurückgelassen haben, allerdings Pech hatte, wurde dem *Borscht* an der Überfahrt beim *Haarlaß* die Zeit zu lange und er überredete sich zu einem kleinen Umtrunk im nahen Café.

Café und Parkhotel *Haarlaß* vom Neckar aus gesehen

Also zurück, auf Freiersfüßen das Treppchen hinauf, über die Straße und schon war er im Gastraum verschwunden.

Café und Parkhotel *Haarlaß*

Der Blick aus den großen Fenstern zur Straße und auf den Fluss mit den träge dahinziehenden Neckarschleppern, die Stadtsilhouette und den *Hausacker*, all das konnte bei reiflicher Überlegung mit dem Vergnügen jenseits eigentlich ganz gut mithalten.

Derlei Vergnügungen gab es in der Folge im Verlauf der weiteren *Neckarhelle* mehrere.

Ursprünglich war der zum *Haarlaß* gehörende Gebäudekomplex eine Gerberei.

Karl Pirsch (1829 – 1899)

Ab 1911 entwickelte sich daraus das weithin bekannte und wertgeschätzte *Café* und nach dem Ersten Weltkrieg das *Parkhotel Haarlaß*, die von *Carl Pirsch* betrieben wurden.

1992 wurde der Betrieb eingestellt.

Bis es aber soweit war, verkehrten vor und nach dem großen Weltkrieg viele illustre Gäste aus Politik, Sport, Film, Funk und später auch Fernsehen an den Ufern des *Neckars*.

Ein Auszug aus dem Gästebuch des Hotels aus den Jahren nach 1949 legt Zeugnis ab davon, dass die Berühmtheiten auch aus dem Ausland, ja sogar aus Übersee, angereist kamen, um hier zu logieren.

Liliann Harvey, September 1949

Kristine Söderbaum, Mai 1951

Rudolf Platte, Juli 1951

Liselotte Pulver, Oktober 1951 und März 1957

Maria Schell, Februar 1952

Peter Kreuder, Februar 1952
Friedel Hensch und die Cypris, Februar 1952
Gerhard Wendland, Februar 1952
Helmut Zacharias, Februar 1952
Bully Buhlan, Februar 1952
Peter Frankenfeld, Februar 1952
Gitta Lind, Februar 1952
Marika Röck, Mai 1952
Albrecht Schönhals, Mai 1952
Cornelia Froboess, August 1955
Vico Torriani, Oktober 1955
Armin Dahl, März 1958
Buster Keaton, September 1962

Die Liste wäre noch beliebig zu verlängern gewesen mit Namen aus der Zeit vor 1939, hätten nicht freche Langfinger den rechtmäßigen Besitzern das Gästebuch aus den zwanziger und dreißiger Jahren in den Wirren der Zeiten entwendet.

Einer der Vorbesitzer mit Namen *Pirsch* hörte nicht besonders gut, um nicht sagen zu müssen, er war taub.

Umso mehr war jene übermütige Magd verwundert, die seine Anweisungen mit dem berühmten Götz'schen Zitat parierte, über die fristlose Kündigung, die ihr umgehend ausgesprochen wurde.

Karl Pirsch mit seinem Küchenpersonal

Offensichtlich beherrschte ihr Dienstherr zu ihrem Pech das Ablesen der Worte von den Lippen perfekt. Schlechtes Gehör hin oder her.

„Dumm gelaufen …" kann man da nur sagen.

Park-Hotel Haarlass
HEIDELBERG

M e n u

Königin Pastete
mit feinem Ragout

***

Kraftbrühe mit geb.Erbsen

***

Roastbeef
p.frites, versch.Gemüse

***

Halbgefrorenes mit Früchten
Feingebäck

** * **

56er Trarbacher Schloßberg
Wachstum R.Böcking

******

Heidelberg,den 23.März 1958

Eine Menükarte vom Hotel *Haarlaß*

Das Datum deutet auf eine Konfirmation hin.

Auch die *Stiftsmühle* war ursprünglich keineswegs ein Restaurationsbetrieb, sondern, wie der Name andeutet, eine Mühle am Ausgang des *Mausbachs* im Schatten der prächtigen Klosteranlage.

Die Stiftsmühle.

In schöngeschweiftem Bogen
Durch grünes Berggeheg
Der Neckar kommt gezogen
Leis' plätschernd seinen Weg.
Wo fern vom Weltgewühle
Der Wald umarmt die Trifft,
Grüßt er die traute Mühle
Am Fuß vom alten Stift.

Zwar wird kein Stein gefunden,
Der heut noch Korn zerrieb,
Die Räder sind verschwunden,
Die einst der Mühlbach trieb.
Ein Saal, umgrünt von Ranken,
Liegt, wo die Mühle stand,
Im Wind die Blätter schwanken
An weinumlaubter Wand.

Einst hat man hier gemahlen,
Das Mehl zu gutem Brod;
Heut wird man frei von Qualen,
Vergißt hier alle Noth.
Ob bis zur tiefsten Zelle
Das Herz, die Seele krank:
Natur aus klarer Quelle
Reicht hier den Labetrank.

Der Neckar spiegelt wieder
Rings Berg und Fels und Wall,
Auf seine Wellen nieder
Streut Gold der Sonnenball.
Es glänzt auf grünem Pfühle
Des Morgens heller Schein,
Und Abends hüllt die Mühle
In goldnen Glanz sich ein.

Vorbei an ihrem Garten
Zieht abwärts manches Schiff,
Nah grüßen alte Warten
Von kühnem Felsenriff.
Und westwärts hinterm Haine
Klimmt hoch dein Schloß sogleich:
Alt-Heidelberg, du feine,
Du Stadt an Ehren reich!

Rings lispeln die Platanen,
Der Nußbaum rauscht darein,
Es zieht auf stillen Bahnen
Mir Ruh' in's Herz hinein.
Die Flimmerwellen gleiten
Am Mühlenrain entlang,
Und meines Herzens Saiten
Entströmt ein Lobgesang.

Stiftsmühle, 9. Sept. 1896.   E. Mentzel.

Ein Loblied auf die *Stiftsmühle*

Nach dem ersten Weltkrieg wurde die kleine Gaststätte und das beliebte Ausflugslokal von *Georg Reinhardt* in einen Hotelbetrieb umgewandelt.

Hotel *Stiftsmühle*

Bis 1987 wurde er von seinen Erben fortgeführt.

Georg und Luise Reinhardt

Hier trat am 1. Februar 1908 die jetzt kurz *Neckarheller Verein* geheißene Vereinigung zu ihrer konstituierenden Versammlung zusammen. *Jean Reinhardt* wurde sein erster Vorsitzender.

Selbstredend wurde auch hier auf Kulinarisches größten Wert gelegt.

Heinz Jochims als Chef-Gardemanger in der *Stiftsmühle*

Der große Bruder bekam nach dem Krieg eine kleinere Konkurrenz schräg über die Straße hinüber.

Familie Karl Mahl mit Gästen. Weihnachtsfeier im *Adler* 1983

Die *Klause* wurde eröffnet. Im Volksmund ging man in die *Milchbar*.

Herr *Karl Mahl* war ihr erster Wirt, das Karlsruher Bier *Moninger* die Hausmarke. Vor ihren Türen rauschte die *Mausbach*, nachdem sie den *Stifter Weiher* hinter sich gelassen hatte, in einem tiefen Graben vorbei, ihrem Ende entgegen.

Nicht selten fanden sich noble Gäste von gegenüber ein. Ein Gästebuch ist Zeuge. Das Gegenüber war das Hotel *Stiftsmühle*.

Politiker, Sportler und andere Berühmtheiten verbrachten nach anstrengendem offiziellen Programm die ein oder andere lustige Stunde unter und mit den *kleinen Leuten*. Ob sie zum Wohle derselben aus diesen Kontakten Lehren gezogen haben, scheint eher zweifelhaft.

Die Milchbar *Zur Klause*, heute *Hucky's Klause*

Nach *Karl Mahl* gab es diverse Pächter. Der letzte und derzeitige ist seit 1985 *Horst ‚Hucky' Huck*.

Kiosk Spatz an der *Stiftsmühle*

Lange Zeit stand dort unten am Ausgang der *Mausbach* der Kiosk *Spatz*, wo allerhand Alltägliches und Nichtalltägliches feilgeboten wurde.

Von der Dachterrasse der *Klause* aus konnte, wem es gelungen war, einen der engen Stehplätze zu ergattern, den Brand der *Stiftsmühle* an Pfingsten 1963 verfolgen, um anschließend nach Räucheraal und Kohlenofen duftend, aber bestens informiert nach Hause zu kommen.

Brand der Stiftsmühle 1963

Die *Klause* ist die einzige Gaststätte, die es auch heute in der *Neckarhelle* noch gibt. Respekt und weiter so!

Der Lechzende brauchte, wenn er die *Klause* oder die *Stiftsmühle* verlassen hatte, nicht weit zu gehen, wenn ihn wieder oder noch immer dürstete.

Im *Café Kinzinger* mit seinen Butzen verglasten Fensterscheiben zur Straße hin konnte er sich erneut laben.

Café u. Weinrestaurant Karl Kinzinger
Schönes Nebenzimmer mit Klavier
Herrlich am Neckar gelegene
Gartenwirtschaft :: Überfahrt
zur Haltestelle der Straßen- u.
Staatsbahn

Das *Café Kinzinger*

Durch das niedrige Türchen hindurch und die drei Stufen im düsteren Treppenhaus hinauf – rechter Hand ging es durch eine Tür in den feuchten Keller hinunter – links in die Stube hinein und schon wurde er von dem jeweiligen Wirt freundlich begrüßt.

Dort ging es, wie in den anderen Wirtshäusern auch, wer würde es von der *Neckarhelle* und ihren Bewohnern anders erwarten, nicht nur an der *Fassenacht* lustig zu. Einige Scherze und Übeltaten wurden zu Klassikern und fanden Einzug in die örtliche Heidelberger Presse.

Von Seelöwe *Adolfs* Kurzauftritt als Kellner wird noch die Rede sein.

Mit einem *„Was willsch'n?"* oder auch *„Was kriggsch'n?"* und bei lauter Begrüßung und heftigem Geschrei durch die bereits anwesenden Gäste konnte man schnell den Alltag vergessen.

Die letzten Wirtsleute im *Café Kinzinger.* Ruprecht und Uschi Mohr

Allerdings ... wer es gar zu arg trieb – und wenn es der Wirt selbst war – konnte rasch auf dem *Arme-Sünder-Bänklein* landen ...

Ruprecht auf dem *Armesindabängl*

... was die fröhlichen Gäste sichtlich wenig kümmerte und sie in ihrer Feierlaune kaum beeinflusste.

Dabei gefiel es beiden Geschlechtern, Männlein wie Weiblein, gleich gut. Am besten ließ es sich sowieso gemeinsam feiern.

Wirtshausgäste beim *Kinzinger*. Die Herren: Ludwig Daub (links), Herbert Hottenstein, Jockel Bähr und Arno Roth (hinten), Valentin Siefert und Cannon, dessen wahren Namen keiner kennt (rechts).

Und zu vorgerückter Stunde kam diesem oder jenem gelegentlich wohl auch wahrlich eine Schnapsidee, die später in die Tat umgesetzt werden musste … und wurde.

Herbert Hottenstein als Universitätsrektor

Wie auch immer …

Wirtshausgäste in gemütlicher Runde. Harald Arnold, Herbert Hottenstein, Harald Engelhard, Julius Harmann

… Hauptsach' gemiedlisch.

Wem es dort nicht gefiel oder wer auf seinem weiteren Marsch durch die *Neckarhelle* noch nicht genug hatte, schob ein Stück weiter oben, gegenüber der Einmündung des *Neuen Weges*, den schweren Vorhang auf die Seite, der den Windfang zum *Café Bähr* versperrte, und betrat die geräumige Gaststube, deren hinterer Teil einen grandiosen Blick auf den *Neckar* und auf das jenseitige *Schlierbach* gewährte. Das *Messingkefferhaisl* zum Beispiel war von hier aus gut zu sehen.

Das *Café Bähr, Zur Neckarhelle*

In den Gewölben unter dem Café mühten sich die *Bähre Buuwe* redlich um die Motoren, den Lack oder die Reifen ihrer Kunden. Oder sie bedienten oben an der Straße reihum die Autos und füllten Benzin oder Öl an ihrer Tankstelle nach, von wo aus der ein oder andere wahrscheinlich dann noch *auf einen Sprung* zum *Bähre Hoiner* oder seiner *Lissl* hineinging.

Von seinen Söhnen wurde er respektvoll *Meeschda*, Meister, genannt.

Heinrich Bähr, kurz *Bähre Hoiner*

Der *Bähre Hoiner* und die *Lissl*

Café Neckarhelle. Innenansicht.

Und meist duftete es unverkennbar nach seinen Stumpen.

Und die *Susi* wachte eifrig und aufmerksam und weithin hörbar bellend – in *Ziegelhausen* heißt das *gauze* – wenn sich des Nachts ein Unbekannter dem Tor zur Werkstatt am *Neckarweg* unten allzu weit näherte.

An der *Rose* verließ man dann endgültig die *Neckarhelle* und wandte sich entweder den Bergen zu oder man betrat nach ein paar wenigen Schritten am Dorfbrunnen vorbei die Hauptstraße, das *Dorf* … ,

… welches, wie die *Neggahell'* (Neckarhelle), die *Stääbach* (Steinbach), die *Glaashitt* (Glashütte=Peterstal) oder der *Hoohberg* (Hahnberg), in den Herzen der Bewohner ein geografisch exakt definierter Ortsteil ist, dessen jeweiliger Bevölkerungsteil bei dem oder den anderen mehr oder minder beliebt ist.

Die *Rose* war aber nicht nur eine Bezeichnung für ein Gasthaus. Gleichzeitig war ihr sich im hinteren Teil des Gebäudes befindender Saal ein Kinosaal.

Die *Rose* eben!

Die *Rose*

Außerdem schloss sich Richtung *Neckar* ein Biergarten an, den man auch vom Neckarweg aus betreten und verlassen konnte.

Der Biergarten der *Rose*

Man musste sich schon irgendwie genauer ausdrücken, wenn man sich zu Hause verabschiedete, ob man in die *Roos* oder in die *Roos* zu gehen beabsichtigte; je nach Betonung ins Kino oder in die Wirtschaft.

Vorne odda hinne noi …

Bier oder Film … das war hier die Frage.

Nun war das Kino im *Rosesaal* aber beileibe nicht das einzige Filmlichttheater in der *Neckarhelle*. Ein Stückchen abwärts bei der BP-Tankstelle gab es noch ein zweites, wohin der Samstagabendschwärmer seine Schritte lenken konnte. Das war das *Rio*.

Nach dem Kinobesuch wurde auf dem Nachhauseweg oder auf dem Weg in die nächste Kneipe ausgiebig diskutiert, in welcher Szene man wie anders und auf keinen Fall wie *John Wayne* gehandelt hätte …

Später befanden sich dort Diskotheken, das *Kurcafe*, das *Babylon*, das Cafebistro *Beo*.

Das *Rio*

Das Bild hat sich gewandelt wie die Zeiten.

Nicht nur die Gaststätten klagen über mangelnden Zulauf und viele müssen und mussten schließen.

Die kleinen Kinos gibt es ebenfalls längst nicht mehr. Hier nicht und in den Städten auch nicht. Sie mussten den großen Kinopalästen an den Stadträndern weichen, die in vielen Sälen reihum ein großes Programm, für jeden Geschmack etwas, anbieten können.

Und für die Gemütlichkeit am Samstagabend sorgt zu Hause seit Jahrzehnten der Fernsehapparat.

Und das auch in bunt.

Hofeinfahrt zu den *Lichtspiele Rosesaal*. Rechts Haus Neckarhelle 4

Und somit entfallen auch der anschließende Gang ins Wirtshaus, das gesellige dörfliche Miteinander und der Informationsaustausch. Ein großer Verlust für jedes menschliche Zusammenleben und eine nicht unbeträchtliche Zunahme an Anonymität.

8. Stift Neuburg

Gastfreundschaft boten aber nicht nur die gewerblichen Betriebe.

Die Klosteranlage *Stift Neuburg* mit der *Stiftsmühle*

Wer als fremder oder mittelloser Bittsteller an der Klosterpforte klopfte, konnte darauf zählen, nicht abgewiesen zu werden, sondern ein Unterkommen und eine warme Mahlzeit zu erhalten.

Die Mariensäule mit der *Steinernen Ruhe*, genannt *Stifterbild*

Weit über die Grenzen des Klosters und Ziegelhausens hinaus bekannt, war Abt *Adalbert Graf Karl von Neipperg.* Als er 1934 von seinem Amt zurücktrat, um in Österreich zwei Pfarreien eines befreundeten Grafen zu betreuen, ahnten nur die Wenigsten etwas von dem bevorstehenden weltweiten Inferno, der Katastrophe, die ihm 1948 als Seelsorger und priesterlicher Helfer der Verwundeten in jugoslawischer Kriegsgefangenschaft meuchlerisch das Leben fortriss.

Abt Adalbert Graf Karl von Neipperg (1890 – 1948), Abt Franziskus Heereman (2009)

Das Kloster war und ist ein Publikumsmagnet! Nicht nur wegen seiner herrlichen Lage hoch über dem Fluss mit weitem Blick das Tal hinaus weit in die *Rheinebene* hinein oder über die dunklen Berge mit dem *Königstuhl,* die sich im Süden drohend in den Himmel schieben, sondern auch wegen der feierlichen Ruhe und der friedlichen Stille, die die alten Mauern ausstrahlen. Insbesondere ist es die Ruhe der Klosterkirche, in die man über zwei breite steile Treppen aufwärts gelangt.

Die Andachten und Gottesdienste sind ein erhebendes Erlebnis und Gelegenheit zu innerer Einkehr zugleich. Der Liebreiz der Landschaft und die himmlische Umgebung … hier scheinen sie ewig.

Die Klosteranlage *Stift Neuburg* von Schlierbach aus gesehen

Bis auf jenen Tag in den frühen sechziger Jahren, als in den zeitigen Morgenstunden ein später Heimkehrer oder ein früh zur Arbeit Schreitender, als er eben an der finsteren *Teufelskanzel* vorüber kam, die verzweifelten Hilferufe vernahm, die über den Fluss gellten (siehe auch S. 34).

Dem Leben einer Taxifahrerin war zu früher Stunde ein jähes Ende gesetzt worden. Ihr lebloser Körper wurde nicht viel später unweit der Klosterpforte am *Wiesenrain* unter einem Apfelbäumchen, dem schweigenden Zeugen der Gräueltat, gefunden.

Ihren Wagen fand man im *Schweizertal*. Der Täter blieb unerkannt. Die Tat ungesühnt.

Er mag weiterhin gejagt durch sein schwer beladenes Leben hetzen.

Klostergemeinschaft im Jahre 1996

Nicht wenige besorgen sich im Frühjahr neue Stecklinge und Setzlinge oder nutzen auch sonst den Klostergarten mit seinem Geschäft, dem Klosterladen, zum Einkauf agrarischer Produkte.

Pater Sturmius sowie Fratres Blasius, Ägydius, Gabriel, Wendelin, Stanislaus, Bartholomäus

Seien es Blumen, Gestecke zu allen Jahreszeiten und zu Anlässen aller Art oder Gemüse, nicht zuletzt im Zeichen umweltfreundlichen Anbaus und zum Nutzen der Gesundheit.

Und … seit 2009 wird auch wieder eigenes Bier angeboten … auf traditionelle Art gebraut …

Braukessel in der Klosterbrauerei

… und in klassische Flaschen abgefüllt.

„Hopfen und Malz, Gott erhalt's!" Und wohl bekomm's!

9. Viehzeug

Allerdings musste man immer damit rechnen, dass einem allerhand Viehzeug über den Weg oder vor die Nase lief.

Die *Neckarhelle* war immer voll tierischen Lebens.

Wer auf's *Köpfel* wollte, musste über den *Kuhweg*, damals ein alter, holpriger Weg, steinig und ausgeschlagen, der so recht eigentlich nur im Winter den Neckarhellern zur Freude diente.

Der *Kuhweg*. Neckarheller Rindvieh als Verkehrshindernis. *Stifter Kiieh*

Er war nämlich eine beliebte Schlittenabfahrt. Schön lang und eng. Wer nicht zu faul war und nur den *Mausbachbuckel* von der *Kanzel* bis zur *Bach* hinunter, oder auch hin und wieder in den Bach hinein, auswählte, zog seinen Schlitten vom Kinderheim den *Kuhweg* hinauf und dann ging es hinunter, als ob der Teufel hinter einem her wäre.

Oder der *Krackerle*.

Mancher verlor in der engen Kurve am Fels rechter Hand, oberhalb des Kinderheims, auch schon einmal die Bahn und flog in hohem Bogen und glitzernden Schnee aufwirbelnd den Abhang hinunter.

Oben angekommen musste dem Wanderer zwangsläufig das Lied vom „... *Bauer im Märzen* ..." einfallen, wenn im späten Winter oder zeitigen Frühjahr fleißige Brüder des nahen Klosters die Pferde angespannt hatten und ihre Bahnen zogen und Furchen mit frisch aufgeworfener, gut duftender Erde hinterließen.

Neckarheller Schwerarbeiter. *Stifter Gail*

Weiter oben auf dem *Köpfel* und nahe der so genannten *Schänke* begegnete man öfters dem Schäfer *Markus* samt seinen Hunden und seinen ihm anvertrauten Tieren, die auf der Suche nach Nahrung durch die Wiesen und Hänge an den dortigen Waldrändern zogen.

Schäfer Markus auf dem Köpfel mit *soine Schoofhämml* im Jahr 1955

Wer Markus nicht antraf, den führten seine müden Beine weiter in die nahe *Köpfelschänke*. Hunde brauchte nicht nur der Schäfer. Auch unten in der *Neckarhelle* hütete so manch einer von ihnen brav und treu Haus und Hof.

Vertreter ihrer Gattung waren der *Franzl* von *Wilhelm Brand* und der *Waldi* der Familie *Mayer* und dem Fotostudio *Arno Roth* und auch die *Susi*, die beim *Bähre Hoiner* nachts die Werkstatt bewachte.

Die *Köpfelschänke*

Die *Köpfelschänke*. Innenraum

Der *Mohre Lui* mit Nachbar *Daubs Karo*

Der Bäcker *Heidenreich* hatte seinen *Rex* in einer geräumigen Hütte im Hof hinter der Backstube untergebracht.

Spitzzähnig und unnachgiebig ging es den fetten langgeschwänzten Neckarratten, den Wasserratten, die sich häufig in den Kartoffelkisten in den feuchten Kellern der Häuser versteckten oder sich obendrauf tummelten, an den Hals. Viele setzten sich tapfer zur Wehr oder entschlüpften geschickt den ausgefahrenen Krallen.

61

Gaasbeck wurden in der *Neckarhelle* nicht nur Ziegen, in der Nachkriegszeit wichtige Milchlieferanten, sondern auch störrische junge Mädchen auf dünnen Beinchen ebendort genannt, wenn sie durch die Landschaft hüpften.

Zwei Neckarheller *Gaasbeck*

Wer sich auf dem Neckarweg, dem *Leinpfad*, der Mündung der *Steinbach* näherte, musste gut aufpassen, denn dort warteten die Gänse des *Mohre Lui* und verteidigten ihr Revier gegenüber dem Eindringling mit boshaften Zwickern, die schmerzhafte blaue Flecken in den Waden hinterließen.

Neckarheller Federvieh. Die *Gäns vumm Mohre Lui*

Nur selten fanden sich fremde und fremdartige Tierwesen ein. Und wenn, dann nicht freiwillig.

So besuchte in den siebziger Jahren ein Kalifornier, ein Seelöwe nämlich, in ungewöhnlicher Mission die *kleine Kneipe* des *Ruprecht*, dem damaligen Wirt im *Café Kinzinger*.

In dessen Verlauf jonglierte der dressierte Nicht-Neckarheller, wohl stark beeindruckt von *Valentin Sieferts* Prinz-Heinrich-Mütze, fehlerfrei und ohne größeren Verlust an Volumen Biergläser an die Tische der eher zurückhaltenden Gäste.

Seelöwe Adolf mit seinem Dompteur Adolf als Kellner und dem besorgten Valentin Siefert

Unter Vermittlung von *Walter Sterk* kam es zu einem Gastspiel an diesem ungewohnten Spielort.

Walter Sterk in Amerika. 1984

Zum Ort der ungewöhnlichen Vorstellung wurde *Adolf* in einem hellgrauen Wagen der Bauart *VW Fridolin* vorgefahren. Das Original trug den schönen Namen *Brigitte*, weil es ursprünglich der Schriftzug der allseits bekannten Frauenzeitschrift zierte. Einst hatte er zum Ausfahren von Illustrierten an die diversen Händler gedient.

VW Fridolin *Brigitte*

Später musste er neben Zirkuskünstlern Kartoffelsäcke, Bierkästen, die ein oder andere Schnapsleiche und vieles mehr außer der Reihe transportieren.

Sein Beifahrersitz bestand in der Form eines alten Campingstuhls.

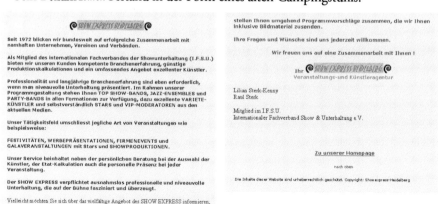

Gastspieldirektion Lilian Sterk-Kenny und Raul Sterk

Ein wahrer Künstler.

10. Künstler

Deren gab es mehrere hier.

An der Einmündung der *Stiftshohl'* steht ein windschiefes Häuschen mit vielen kleinen Zimmerchen. Ein prächtiger parkähnlicher Garten mit altem Baumbestand zieht sich dahinter den Hang hinauf bis zum *Wingert* hin.

Das Sohl'sche Haus, 1980

Einst wohnte und arbeitete hier *Will Sohl* (1906–1969) als Maler.

Sein Sohn *Ole* (1946–2011) hatte hier später für einige Jahre seine Werkstatt als Gold- und Silberschmied eingerichtet. Er verstarb leider viel zu früh an seinem 65. Geburtstag.

Will Sohl, der Maler   Ole Sohl, der Silberschmied

Auch *Joachim Lutz* (1906–1954) lebte und arbeitete in *Ziegelhausen*. Manches Streitgespräch über Kunst und Künstler, über Echtes und Wahres, Klecksereien und Gepinsel entspann sich zwischen den beiden und anderen.

Stiller Mithörer im *Café Bähr* und anderswo war *Will Sohls* treuer Hund, der Collie *Anouk*, der immer und zu jeder Tageszeit den langen Weg nach Hause fand.

Weiterer künstlerischer Spross der Familie ist *Pieter Sohl*. Sein Rohstoff war und ist neben der Leinwand, der Farbe und dem Pinsel Stein, Metall, Holz, welches er bearbeitet. Hammer, Meißel, Stechbeitel sein Werkzeug. Stein –, Holz – und Bildhauerei seine Leidenschaft, Metallgießen seine Passion.

Seine Werkstatt hat er allerdings nicht in der *Neckarhelle* und nicht in *Ziegelhausen*.

David Sohl   Pieter Sohl

Vielmehr ist er mit seinem Atelier auf dem *Kohlhof* in *Heidelberg* zu Hause.

Was dem Urgroßvater und dem Großvater gelang, da kann offensichtlich auch der Enkel und Urenkel bestens mithalten. Das Talent blieb in der Familie.

Ebenfalls einheimischer Künstler und bei *Will Sohl* in die *Lehre* gegangen ist *Uwe Wenk Wolf*, der späterhin lange Zeit in Norwegen lebte.

Nicht ganz so bekannt aber, aber auch nicht untalentiert, war *Wilhelm Mergenthaler*.

Nicht in *Ziegelhausen* und der *Neckarhelle* geboren aber lange hier gelebt hat der Maler, Zeichner und Grafiker *Gerhard Rottermann*, dessen mütterliche Vorfahren allerdings hier ansässig waren.

Gerhard Rottermann

Gerhard Rottermann. 50er Jahre. Fels bei der *Speismauer* in Ziegelhausen

In vielen Zeichnungen hat er wie hier unsere Heimat mit dem Bleistift eingefangen.

Aber auch als Graphiker machte er sich um die *Neckarhelle* verdient. Wie hier im Jahr 2004, als nach seinem Entwurf der Neckarheller Verein ein *Ortsschild* am Beginn der *Neckarhelle* einweihte.

Einweihung des Neckarheller Ortsschilds 2004, G. Rottermann links mit Hut

Heute hat er sein Atelier in *Birkenau-Niederliebersbach* im *Odenwald*.
In darstellender Kunst auf anderer Ebene …

Sybille Sohl (links) als *Angustias Alba*. Aus Sankt Galler Tagblatt vom 22. Februar 1976

… nämlich als Tänzerin, übte sich *Sybille Sohl*.

Auch das *gemeine* Volk beteiligte sich rege am kulturellen Leben und fand sich zum Beispiel zu Laienspielgruppen zusammen.

Theatergruppe *Frohsinn* im Garten der *Rose*

Theatergruppe des Neckarheller Vereins bei der Aufführung der *Försterchristl* in der Stiftsmühle, Weihnachten 1923

Und viele, die das Handwerk nicht von der Pike auf gelernt haben, bringen Beachtliches, um nicht zu sagen Phantastisches, zustande.

Kunstwerk der Malgruppe *Schwarz-Weiß* des Seniorenzentrums

Auch an kleinen Künstlern fehlte es nicht. Diese Zeichnung beweist es eindrücklich.

Kinderzeichnung in der Rhein-Neckar-Zeitung am 5. August 1961

Manche bemerkten es gar nicht, wie sie *berühmt* wurden, als der Fotograf *Balarin* sie ablichtete und der allseits bekannte *Fritz Nötzold* einen kleinen beschaulichen Muttertagstext dazu verfasste.

Das folgende Bild erschien in der Muttertagsausgabe der Rhein-Neckar-Zeitung im Jahre 1959.

Diese beiden spielen *Mutterles und Vaterles*, wie es scheint, oder *Mutterles und Kind* im Hof des Hauses *Neckarhelle 118*.

Allerdings ging es nicht immer so friedlich zwischen den zweien ab.

Aber doch meistens.

Woher ich das weiß?

…

Ich war dabei.

Muttertagsbild in der Rhein-Neckar-Zeitung im Jahre 1959

Der Text dazu lautet und ist für heutige Verhältnisse geradezu unerträglich schwülstig:

Dieser Tage legte mir der RNZ-Reporter Baldarin dieses Foto auf den Tisch und sagte: „Wäre dies nichts für die nächste Jugendseite? Ist das kleine Mädel nicht wie eine richtige Mutter um das Brüderchen besorgt?" Ich sagte: „Für den Samstag wird es wohl nichts sein, denn da brauche ich ein Muttertagsbild." – Später habe ich dann in meiner großen Mappe nachgesehen, welches der vielen Fotos sich am besten für den Muttertag eignet. Da waren Fotos von Kindern, die ihrer Mutti einen schönen Blumenstrauß überreichten, eine Mutter, die ihr Kind behutsam streichelte und eine, die sich über die Wiege beugte. Und dann nahm ich zum Schluß dieses Bild und ich sagte mir: Das wird genommen! Das kleine Mädel ist wirklich schon ganz mütterlich und liebevoll. Es wird bestimmt einmal eine gute Mutter werden, wenn es schon so früh versteht, das Brüderchen zu betreuen. Damit hat es nämlich der Mutter auch schon eine Arbeit abgenommen. Und das ist es doch, was wir gerade an diesem Tag wollen, der Mutter unsere Liebe und Hilfsbereitschaft zu zeigen.

Das ist nicht mit einem Blumenstrauß allein getan und nicht mit einem kleinen Gedicht, das man aufsagt. Nein, helfen und dadurch der Mutter beweisen, wie man sie liebt, selbst wenn man dadurch ein bisschen Unbequemlichkeit hat – das ist für die Kinder am Muttertag eine schöne Aufgabe. Und darum ist, wenn Ihr es genau überlegt, dieses Bild ein gutes Muttertags-Bild.

Euer Fritz Nötzold

Dazu kann ich nur sagen, dass meiner Mutter und meiner Oma die Sträuße immer gut gefallen haben, auch die, die ich am Muttertagsmorgen auf dem Berg pflückte, ebenso die Bildchen.

Und das *Brüderchen* auf dem Foto war ich auch nicht, sondern nur der Nachbarjunge.

Und die Bürste war außerdem auch kratzig.

Aber eine gute Mutter, glaube ich, ist sie bestimmt geworden. Nicht die Bürste, das *Schwesterchen* natürlich.

11. Politiker

Eine große Kunst – ein politisches Kunstwerk – in den schweren Jahren nach dem Krieg gelang sicherlich auch dem damaligen Bürgermeister *Heinrich Westermann*.

Heinrich Westermann. Bürgermeister von Ziegelhausen 1945 – 1948

Er lenkte und leitete, unterstützt von vielen anderen, die Geschicke der Gemeinde von 1945 – 1948 erfolgreich und gestaltete die neue Zeit zum Wohle des Gemeinwesens.

Otto Lachenauer, Stadtrat. Enkel der Reinhardts aus der *Stiftsmühle*

Nicht nur Lokalpolitik wurde in der *Neckarhelle* gemacht, auch die große Welt, die große politische Prominenz fand sich in vielen Jahrzehnten immer wieder ein.

Manchem schien es sogar so gut zu gefallen, dass er wiederkehrte.

Karl Pirsch und Alma Schmeisser mit Bundespräsident Theodor Heuss

12. Musiker und Sänger

Wer kennt sie nicht, die Neckarheller Musiker, die auf jedem Fest für abwechslungsreiche Unterhaltung sorgten?

Franz Herbig mit der Posaune, Roland Weirich mit der *Quetsch*

Auf dem legendären *Wiesenfest* des Arbeitergesangvereins auf der Wiese hinter der ESSO-Tankstelle, der *Kerwe*, dem *Backfischfest* oder den vielen, auch privaten anderen Veranstaltungen, in denen diese auftraten.

Stimmgewaltig betätigten sich auch viele in den verschiedenen Gesangvereinen.

Der Arbeitergesangverein mit dem Neckarheller Ludwig Daub (3. von rechts)

Im Jahr 2007 bekam der *Arbeitergesangsverein* eine neue Fahne und ...

Neue Vereinsfahne des Arbeitergesangvereins im Jahre 2007

... selbst im fernen Berlin, wie hier im Jahr 2002 mit *Franz Müntefering*, war man auf ihn aufmerksam geworden.

Arbeitergesangsverein in Berlin im Jahre 2002

Diese Vereine bestanden zum Teil schon sehr lange.

Zum Aufstellen Richtung *Stiftmühle*

So feierte der Männergesangverein Liedertafel 1956 sein 110jähriges Bestehen mit einem gewaltigen Festumzug.

Zunächst ging es damals die *Neckarhelle* hinunter zum Sammelplatz an der *Stiftsmühle*.

Natürlich auch die Festzugsdamen

Später ging es mit viel Musik den ganzen beschwerlichen Weg wieder zurück ...

Die nötige motorisierte Unterstützung beim Festumzug

... an derselben Stelle, nur gegenüber.
Begleitet wurde der lange Umzug von vielen passionierten Motoristen.
Nicht nur der reinen Unterhaltung und Untermalung diente die Musik.

Sie war auch dazu geeignet, Handgriffen und Abläufen, die routiniert und rhythmisch verrichtet werden mussten, den notwendigen geordneten und *zackigen* Rahmen zu bieten und deren Erfolg zu gewährleisten.

Der *Kürvel* Hans Müller bei der Feuerwehrkapelle (1. Reihe ganz links, knieend)

Dazu musste durchaus nicht Krieg sein. Gemeinnützige Organisationen wie beispielsweise die Feuerwehr bedienten sich ihrer ebenso.

Der *Kürvel* Hans Müller als Trommler. Genau genommen eigentlich *Kirfl. Kirfls* ehemalige Klarinette.

Natürlich war in diesen auch wieder der ein oder andere Neckarheller engagiert.

Heinrich Bähr (2. von links) bei der Freiwilligen Feuerwehr

13. Bräuche und Feste im Verlauf des Jahres

Seit 1912 richtet der Neckarheller Verein den Sommertagszug nach Heidelberger Vorbild aus.

Auch hier spielt die Musik, die den Gesang der Kinder und Eltern begleitet, eine nicht unbedeutende Rolle.

Sommertagszug mit *Sommer* und *Winter*

„Summerdaag, Staab aus,
Bloos dem Winda die Aache aus.
Heere Schlissl klinge,
Wolle uns was bringe.
Was donn?
Roode Woi un Brezl noi.
Was noch dazu?
Paa naie Schuuh.
Schtrih, schtrah, schtroh,
Da Summerdaag is doo.
Heid iwwer's Joohr
Do simma widda dooh.
Ooh, du alda Stockfisch,
Wemma kummt, dann hosch nix
Als e Schibb voll Kohlä,
Da Guggugg soll disch holä.
Schtrih, schtrah, schtroh,
Da Summerdaag is doo."

Das Sommertagslied. *Summadaagslied*

Die frechen Buben, die *beese Buuwä*, haben in leichter Abwandlung den Refrain mit „*... Schtrih, schtrah, schtrodälä ...*" angefangen. Der Ausklang des schönen Liedes in dieser abgewandelten Version soll besser für immer verschwiegen bleiben.

Jeder hatte seine Brezel oder fuhr mit seinem bunt geschmückten Tretroller, die größeren mit ihren Fahrrädern, vom Sammelplatz bei der *Stiftsmühle* durch die *Neckarhelle*.

Neckarheller *Summadaagsmeedl* Elfriede. 1946

Neckarheller *Summadaagsbuuh* Rainer. Anfang 1960er Jahre

Der Brezelträger an der Spitze des Sommertagszuges 1955

Während der Sommertagszug im Frühjahr durch die Straße zog, so schlichen am Vorabend zum Nikolaustag, am Abend des 5. Dezember, die kleinen Nikoläuse, schlicht *Belzenick* genannt, mit einem Sack auf dem Rücken von Haus zu Haus und erbaten als Gegenleistung für ihren Gesang eine kleine Gabe … *von wegen der vielen Kinder.*

‚Bin’n arma Känisch,
gebt ma näd zu wänisch,
lost misch näd so long doo steeh,
denn isch muss noch weida geeh.
Bin’n arma Sinda,
hab’ neunäneunzisch Kinda,
wenn isch hoomkumm, hab näd viel,
donn krigg isch mid’m Beeseschdiehl.
Bin’n arma Känisch,
gebt ma näd zu wänisch,
lost misch näd so long doo steeh,
muss noch ä Haisl weida geeh.
Bin’n arma Schweiza,
geb ma doch’n Kreiza,
geb ma doch’n Groschä,
donn hald isch a moi Goschä.
Bin’n arma Hondwerksborscht,
geb ma doch ä Lewwerworscht,
geb ma doch ä Serwela,
donn reis isch nach Amerika.

Belzenickl in der Neckarhelle

Am nächsten Tag, wenn dann der große Nikolaus kam, hatten die Kinder früh morgens noch ausreichend Mut, einen frechen Vierzeiler von sich zu geben:

Haid Obend kummt da Nikolaus,
awwer näd zu mir.
Isch pagg'n onn da Zibbelkapp
unn schmeiss'n vor die Diir.

Vermutlich waren die Helden des Morgens am Abend eher kleinlaut und verzagt, wenn es daran ging, das Sündenregister vorgehalten zu bekommen.

Manch einer oder eine fanden allerdings auch die Hände des Nikolaus als denen der Tante und des Onkels erstaunlich ähnlich und verblüfften die Eltern wie auch den finsteren Knecht Rupprecht mit Ausrufen wie dem folgenden:

„Mama, da Nikolaus hodd Händ wie moi Geedl."
Noch vor dem Sommertagszug hielten die Narren Einzug und es war ehedem der Brauch, sich als *Schlumpel* zu verkleiden und als *Alter* und *Alte* geräuschvoll mit einem Kinderwagen durch den Ort zu ziehen.

Andere zogen scharenweise von Haus zu Haus und *ersangen* oder *erkreischten* sich die selbst gebackenen *Faasekiischlä* mit ihrem Verslein.

Fassenacht,
die Ponne kracht.
Die Kiichlä sinn gebagge,
hab sä heere krache.
Aldi schmeiss ma Kiischlä raus,
odda isch schmeiss da ä Loch ins Haus.
Zugga druff, Zugga druff,
odda isch hupf da's Fänschda nuff.

Neckarheller Fastnachter
als Holländer verkleidet.
Konrad, Susanne und Else Baust.
Ca. 1912

Ernschdl und Schorschl
Wolf.
1950er Jahre

Am 3. Sonntag im August war *Ziegelhäuser Kerwe*. Viele Neckarheller backten hierzu den *Kerwekuchä*. Bleche mit Apfelkuchen aus *Kerweäpfel*. Dies sind die Kläräpfel, die zur Aufbewahrung nicht taugen und die die ersten Äpfel überhaupt sind, die reif werden, eben um den dritten Sonntag im August herum. Einmal zu Boden gefallen, konnte man zuschauen, wie sie verfaulen. Also wurden sie unter anderem im *Kerwekuchä* großzügig verwertet.

Am Dienstag wurde die *Kerweschlumpel* nach einer Rundfahrt durch den Ort und einer Leichenrede verbrannt und begraben oder die Überreste von der Brücke in den *Neckar* geworfen.

Für die Kinder gab es von der Verwandtschaft in der *Neckarhelle* dann immer ein kleines Zubrot in Form von fünfzig Pfennigen oder einer Mark.

Damit konnte man, vor allem am Montag, sein Glück auf dem *Kuucheblech* versuchen oder seinen Vergnügungen anderweitig nachgehen.

Zwei *Kerweschlumplä* auf dem Karussell am *Kuucheblech*

Alle diese Bräuche wurden in erster Linie von den Kindern begangen, die von den Alten, einst selbst einmal die Kinder, die Lieder und Gesänge lernten und von den größeren Kindern zur Nachahmung angehalten wurden.

Dazu war es wichtig, dass Nachbarschaft gepflegt wurde und die Kinder miteinander aufwuchsen und miteinander verkehrten …

… auf der Straße, auf den Neckarwiesen oder am besten gleich im Neckarwasser, am Berg oder in der Schule, auch wenn diese nicht mehr in der *Neckarhelle* lag, obgleich sie die *Neckarschule* hieß.

Alleine der gemeinsame Schulweg durch die ewig lange *Neckarhelle*, schließlich reichte er wenigstens von der *Stiftsmühle* oder noch weiter stadteinwärts bis an die *Rosensteige*, genügte, um sich allerhand mitzuteilen oder auch Schabernack mit den Anwohnern zu treiben.

Aus jedem Haus trat ein Schüler oder eine Schülerin heraus und vergrößerte die Traube der Kinder und wahrscheinlich auch den Lärm und das Geschnatter, welches diese von sich gaben.

Zwei Schulkinder mit ihren Tüten

Wie überall wurde den noch eifrigen Schulneulingen, *dä Schuulkinna*, am ersten Tag die Schultüte gefüllt, mit Notwendigem wie Tafel, Griffel samt Spitzer, Schwamm und Bleistift zum einen, und mit Überflüssigem aber Angenehmem wie der ein oder anderen Süßigkeit und Obst oder – in späteren Zeiten – einem Radiergummi mit ausgefallenem Design, wie man heute sagt. Damals hätte man einfach *schääh* gesagt.

Und mit ziemlicher Sicherheit folgte der strenge Hinweis, das gute (und teure) Stück ja nicht zu verschlampen.

Ein Foto vom *ersten Tag* war unerlässlich und Pflicht und wurde meist auch ohne Murren geduldet und erfüllt. In der Regel war man ja auch nicht der oder die einzig Leidtragende.

Konfirmandenbild vom 15. März 1891. Konrad Daub, der Vater

Auch für die hohen kirchlichen Feste wie Konfirmation (,*Kunnfamatiuun*') und Kommunion (,*Kummeniuun*') galt zu allen Zeiten Fotopflicht

Tochter Lisbeth Daub
(1924/25)

Enkeltochter Elfriede Frank
(1949/50)

Urenkel Uwe Bührlen am 15. März 1970 (2. von rechts)

Hier und da wurde in der Familie auch schon mal die Konfession gewechselt.

Kommunion der Ur-Ur-Enkel Marcel und Nadine Bührlen 1998. 107 Jahre später

In jedem Falle gab es anschließend ein rauschendes Fest, zu dem nicht nur die Verwandtschaft sondern auch ausgewählte Freunde eingeladen waren.

Konfirmation am 15. März 1964

Nicht wenige trafen sich zum Jubiläum, etwa einer Goldenen Konfirmation, wieder.

Goldene Konfirmation 2007

Gemeinsam konnte von vielen nicht nur die Goldene Konfirmation …

Goldene Konfirmation. Ca. 1954

… sondern auch *Goldene* Klassentreffen gefeiert werden.

Goldenes Klassentreffen

Und natürlich wurde auch zu allen Zeiten geheiratet.

Heiratsurkunde vom 22. Juni 1935

Manche hielten es sehr lange aus miteinander.

Goldene Hochzeit von Mathilde Gmelin geborene Reinhard und
Lutz Gmelin im Jahre 1973 in der *Stiftsmühle*. Geheiratet 1923

Und wieder anderen war es vergönnt, noch länger gemeinsam das Leben zu meistern.

Goldene Hochzeit von Eleonore und Ernst Wolf am 14. August 2008. Geheiratet 1948

Und alle fingen sie irgendwann damit an. Früher … oder später.

Agnes geborene Daub und Heinz
Jochims im Jahr 1948

Waltrud geborene Daub und
Willi Bader im Jahr 1968

Manche schon so früh im letzten Jahrhundert, dass man noch in Schwarz heiratete.
Als wär's ein Unglück …

Anna geborene Merkstein und Ludwig Erlewein im Jahre 1911. Seine Mutter war
Anna Erlewein geborene Daub, (heute) Neckarhelle 112 – 114

14. Nachbarschaft und Jugend

Die Jugend trieb sich zu allen Zeiten gern auf der Straße herum, generationsweise, mit und ohne die Alten.

Neckarheller Jugend und Nachbarschaft Mohr / Daub. 1913

Am Abend gab es den *Nachtbatscha* und die gruselige Warnung vor dem *Nachtkrabb'*. Oder dem *Krackerle*.

„Orgelpfeifen" im Jahre 1937

Oder man ging *Elwetritsche* fangen, wenn sich ein geeignetes Opfer fand.

Und eine Generation später. Ca. 1960

Zum Schlittenfahren ging man *hinter's Stift*, womit entweder der *Kuhweg* oder die kürzere Abfahrt von der *Kanzel* zur *Mausbach* hinunter gemeint war.

Wenn man Glück hatte, war der Bach zugefroren und eine verpasste Bremsung war nicht ganz so schlimm. In einem milderen, wenn auch schneereichen Winter, konnte es allerdings auch vorkommen, dass man baden ging. Kalte und nasse Füße – egal – nach Hause ging es erst bei einbrechender Dunkelheit.

Wer einen *Lenkbaren* hatte, wie die *Wolfe Buuwe*, der konnte zu Viert, Fünft oder Sechst ins Unglück steuern.

Ab und zu sauste zur großen Freude aller auch einer der klösterlichen Brüder oder *Patres* wie der *Sturm* mit hinunter ins Tal und sprang an der Wende des Weges beim Kinderheim rasch vom Schlitten, um nicht von höherer Stelle bei profanen Vergnügungen erwischt zu werden.

Im Sommer sprang man dann doch eher ins kühle Nass.

Schwimmen lernte man auf zweierlei Art. Entweder wurde ein Gürtel aus Binsen geflochten und von Tag zu Tag ein paar Binsen herausgezogen, sodass er nach wenigen Tagen nur noch ein Gerippe darstellte und der Lehrling gar nicht merkte, dass er längst schwimmen gelernt hatte.

Zwei Neckarheller Wasserratten. Elfriede und Clärchen

Oder es wurde ein alter Schlauch eines Autos aufgepumpt und – vermutlich – auch da jeden Tag ein wenig mehr Luft herausgelassen. Mit demselben Ergebnis.

Bei den Buben haben wahrscheinlich die größeren die kleineren einfach ins Wasser geschmissen und zappeln lassen, bis auch sie nach einigem Wasserschlucken *oben* blieben.

Schwimmen lernen in der moderneren Version. Ingrid

hint.R.v.l. August Hertel, Peter Hertel, Ludwig Daub,
Bademeister Gustav Schmitt, Walter Daub, Peter Müller.
mittl. R.v.l. Gustel Wolf, - - - Margarete Rössig,
Gertrud Brunner, Anneliese Wolf, Liesel Bückle,
Ernst Rössig, Marianne Rink, Helene Arnold.
vorn v.l. Karl Laier, Karl Laquar, Wilhelm Bückle.

Auch hier durfte eine wohlmeinende und gezielt Angst einjagende Warnung vor dem *Krackerle* oder dem die Kinder mit einem Haken in die Tiefe ziehenden und sie dann verschlingenden *Hoogemonn* nicht fehlen.

Manches gemütliche Zusammensein spielte sich in jenen Zeiten in den damals noch zahlreichen Gaststätten ab.

Entweder nach Feierabend ... will sagen, ohne besonderen Anlass sozusagen, oder im Rahmen der jährlich wiederkehrenden Festivitäten, wie es am *Fassenachtsdienstag* der Fall war.

Dabei gab es nicht nur aktive Alte.

Neckarheller Fastnachtskinder I. 1947

94

Die Jugend war mindestens ebenso eifrig bei der Sache.

Neckarheller Fastnachtskinder II. 1947

Jung ... und Alt ...

Neckarheller Fassenachter I. 1951 (M. Hartmann, E. Heidenreich, L. Haas, Ehepaar Rink)

... war auf den Beinen.

Neckarheller Fassenachter II. 1960 (E. Rössig, J. Eubler, A. Bauer, L. Weirich)

Und wenn die *Kerweschlumb'l* durch den Ort gefahren, verbrannt und im *Neckar* versenkt war, ging der Alltag weiter. So oder so.

Nachbarschaft vor dem Krieg

Die Nachbarschaft hielt, ob Groß oder Klein, Jung oder Alt, zusammen und half sich gegenseitig durch gute und durch schlechte Zeiten.

Nachbarschaftshilfe bei der Heuernte

Ob die sommerliche Heuernte anstand oder das Obstpflücken, *Kerschebresche* etwa, ob es an das lästige *Mischdpuddlschöpfen* ging oder an den Baumschnitt.

Und in schneereichen Wintern räumte man auch nicht nur vor dem eigenen Haus.

Heuernte am Neckar. 1940

Und wenn nach dem Krieg endlich ein lang Erwarteter ausgezehrt aus der Fremde oder der Gefangenschaft zurückkam, half die Nachbarschaft auch schon einmal mit einem schnell zur Begrüßung geschlachteten Huhn, einem *Hingl* aus, wenn in der eigenen Küche *Meister Schmalhans* waltete.

Nachbarschaft gegen Ende des Krieges

Und es war auch durchaus üblich und geduldet, beim Nachbarn durch den Garten zu streifen, auf seinem Berg rumzustiefeln oder seinen *Schopfen,* die Scheuer, in Augenschein zu nehmen.

Wenn man dabei nicht gerade das Futter für die Stallkaninchen, die *Haase* zertrampelte.

Im Garten des Gärtners Reinhardt

Dabei war es doch so schön, sich im hohen Gras zu verstecken oder sich mit *Noochgängales* oder *Fongales* und *Figureschlängales* die Zeit zu vertreiben.

Nun ist die *Neckarhelle* zwar sicherlich ein schönes und gesegnetes Stückchen Erde, aber ab und zu zog es ihre Bewohner dann doch in die Ferne, wenigstens für einen Tag.

So taten sich benachbarte und befreundete Familien, meist die Frauen mit ihren Kindern, zusammen und machten den berühmten Sommerausflug. Zu Fuß zum Beispiel über das Münchel nach Schönau, ein beliebtes Ziel, nicht nur am ersten Mai.

Wanderer aus der Neckarhelle

Oder man gönnte sich eine Dampferfahrt …

Dampferausflug auf dem Neckar bei der Schifflände in Neckarsteinach

... auf dem *Neckar* ... oder auf dem *Rhein*.

Schifffahrt auf dem Rhein

Und selbstverständlich gehörte zu guter Nachbarschaft auch ein zünftiger Kindergeburtstag.

Kindergeburtstag in der Neckarhelle bei der Oma

Da gab es Kakao oder Muckefuck und Kuchen, richtigen Kaffee für die Erwachsenen, dann wurde gespielt, im Frühjahr bis in den Herbst hinein im Freien, wenn es nicht gerade regnete.

Keine großartige Party, wie das heutzutage überhand genommen hat. Und trotzdem war jeder zufrieden.

Gemeinsamer Ausflug mit dem Auto

Und wer ein Auto hatte, später dann, als es allen besser ging, der lud die Freunde am Sonntag ein, und man fuhr in den *Odenwald* oder in die *Pfalz*, zum Beispiel auf das *Weinfest* in *Neustadt* oder auf den *Wurstmarkt* nach *Bad Dürkheim*.

Zu jeder dörflichen Zusammengehörigkeit gehört leider auch das Sterben. Ausdruck der Anteilnahme ist es, den Verstorbenem auf seinem letzten Weg zu begleiten und ihn nicht alleine ziehen zu lassen. Und um ihn zu ehren und nicht zu vergessen.

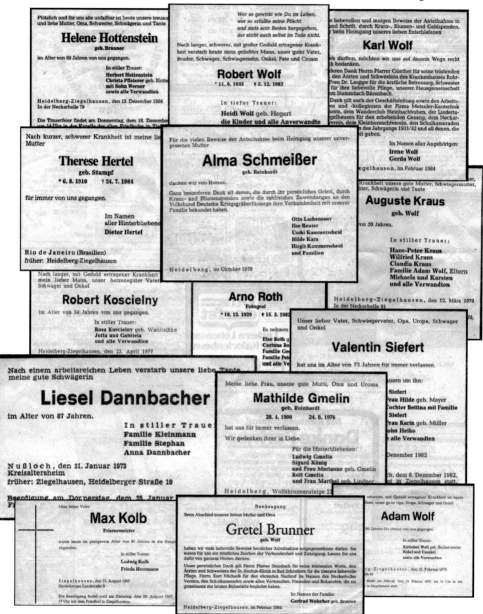

Und vielleicht wurde bei dieser letzten Gelegenheit auch hier und da manches Kriegsbeil endgültig begraben.

15. Krieg

Viele gingen. Alle mehr oder weniger freiwillig. Manche kehrten nicht wieder.

Neckarheller im 1. Weltkrieg. Konrad Daub, Georg Klormann, Jakob App

Die schweren Zeiten waren, ob für die Daheimgebliebenen oder auch für die in fremden Gefilden und jenen an den Fronten, harte Wechselbäder, Gratwanderungen zwischen Leben und Tod. Sie bedeuteten Gefahr, Entbehrung und Angst, Hunger und Not.

Dennoch gab es bisweilen auch Lichtblicke. Trügerische Augenblicke, die schnell der Realität weichen mussten. Fern von den Stätten des Kampfes und des Siechtums hatte das Dasein gelegentlich lukullische, das Leben bisweilen fast idyllische Züge.

Schlachtfest in Galizien im 1. Weltkrieg

Das soll nicht über die Schrecken und die Ungerechtigkeit der kriegerischen und von den meisten ungewollten Auseinandersetzungen hinwegtäuschen.

Nachbarschaftliche *Idylle* zu Kriegszeiten in der Neckarhelle

Es soll auch nicht verklären, wo es nichts zu verklären gibt.

Aber ohne diese banal weltlichen Momente wären die Stunden, Tage, Wochen, Monate und Jahre der Ungewissheit und des Leides schwer zu ertragen gewesen.

Wehrpass von Konrad Daub von 1898

Nicht jeder war kriegerischen oder besser noch, militärischen Zielen zugeteilt. Manch einem oblag es, die Folgen zu bewältigen und da helfend einzugreifen, wo es galt, Hilfe zu reichen und Trost zu spenden.

In der Fremde oder ...

Ziegelhäuser Sanitäter im 1. Weltkrieg in Galizien. Neckarheller Konrad Daub mit Säbel (1. von rechts)

... in der Heimat.

Pflegerinnen im Lazarett und Soldaten auf dem Kümmelbacher Hof

Viele Briefe und Feldpostkarten kamen aus weiter Ferne und aus tiefster Kälte.

Karte aus Stryi in Galizien, heute Ukraine

Feldpostkarte des Nachbarn Konrad Daub an Frau Robert Mohr von 1917

Viele der geschriebenen Worte waren leider die allerletzten Grüße.
Manchen hat es an seinem ureigenen Festtag erwischt.

Hans Frank am 15. April 1942, Rückseite

Aufschrift auf der Rückseite dieses Grußes an die Familie.
„… *Ausmarsch n.*[ach] *Russland. Aufnahme H. Schönauer, Wien. Hannover, Bürgerschule. Niedergeschrieben am 24. VI. 1942. Flugplatz Schaikowska. 270 km bis Moskau. Dein Hans …*"

Weihnachten 1942 an der Front

Dieser Tag, der Abmarschtag, war sein 34. Geburtstag.

Er war einer derer, denen es vergönnt war, zu ihrer Familie zurückzukommen.

Wäre dem nicht so, wären diese Zeilen ungeschrieben geblieben.

Auch er kehrte wieder …

… und bescherte manchem eine Mahlzeit mit seinem schuppigen Fang, den er mit seiner Leine im *Neckar* getätigt hatte und der sein Leben unromantisch auf der harten Kante eines steinernen Abwaschbecken aushauchte.

Walter Daub im Dienst. Neckarheller auf Heimaturlaub. Ludwig Daub mit Mutter Katharina

Viele hatten auch das bescheidene Glück, zwar die Heimat wieder zu sehen, körperlich jedoch nicht so, wie sie sie das letzte Mal verlassen hatten.

Und manch einer blieb für immer in fremder Erde begraben oder galt mit unbekanntem Schicksal als verschollen.

Käthchen und Georg (1902 – 1942) Wolf. Vermisst bei Stalingrad

Und zurück blieb die Frau mit ihren oft noch kleinen Kindern. Diese hatten keinen Vater und keinen Ernährer mehr, die Frau keinen Mann.

Kriegerwitwe und Halbwaisenkinder Wolf. Karl, Richard, Ernst, Paul, Robert. Mutter Käthchen und Clärchen. Karin fehlt.

Oder die Mutter und der Vater, die ihren Sohn, ein halbes Kind noch, nicht mehr sehen und in die Arme schließen sollten.

Ohne Worte

Glücklich, wem es vergönnt war, dieses Papier in Händen zu halten und unversehrt zu seiner harrenden Familie zurückzukehren.

Entlassungspapiere des Konrad Daub aus dem Ersten Weltkrieg 21. Juni 1919

Ludwig Daub, Konrad Daub. Zwei Brüder im Krieg

16. Neckarheller in der Fremde

Viele verließen die Heimat aus freien Stücken. Das war zu allen Zeiten so.

Meist war es der Arbeit wegen. Ab und zu vielleicht auch aus Abenteuerlust oder der Liebe wegen.

Manche kamen wieder, andere blieben und fanden ihre letzte Ruhe in der Fremde.

Ludwig Erlewein aus der Neckarhelle sitzt Modell in Speyer. Ca. 1910

Der eine ließ sich nicht weit von der Heimat nieder und konnte immer wieder mal auf einen Sprung *reinschauen*, der andere wechselte gar den Kontinent und war nur noch ein seltener, aber gern gesehener Gast.

Der kürzeste Weg in die Fremde war der über den nahen *Neckar*, so dass einige Neckarheller Schlierbacher geworden sind und von nun an auf der Schattenseite des Flusses leben mussten.

Mathilde Gmelin geborene Reinhardt aus der Stiftsmühle

Einige auch folgten jenen, die den Absprung schon gewagt und sich in der neuen Heimat eingerichtet hatten.

Therese Hertel (links), die *Stumpfe Reesl*. Später in Niterói in Brasilien, Südamerika

Einer von jenen wanderte nach Brasilien aus. Und ein paar begleiteten ihn – zumindest bis in die *Stadt*.

Ein gemeinsamer Ausflug. Rechts Dieter Hertel. Später in Niterói in Brasilien, Südamerika

Drei Wirtshausgäste in Saas-Fee

Die Meisten kamen berauscht, wie hier vom alpenländischen Flair, freiwillig zurück.

Manchmal verschlug es – rein zufällig – zwei Neckarheller in dieselbe Gegend oder in dieselbe Stadt.

Zwei Neckarheller als Wahlbürger in Schwaben. Martha Wetzel mit Doris und Roland, Lisbeth Frank sowie eine Stuttgarter Freundin mit Kind Herbert Egeler auf der Reichsgartenschau in Stuttgart 1942

Und wieder andere fanden nach Jahren in fernen Landen und auf anderen Kontinenten den Weg nach Hause zurück.

Die Welschers in Ägypten, Afrika. 1960er Jahre

Nicht immer ging es gleich auf einen fremden Erdteil. Gelegentlich reichte auch das nahe Ausland, welches zur neuen Heimat wurde.

Elfriede Frank. Später in Belgien

Es kam auch vor, dass die nachfolgende Generation vorübergehend eine Zeit lang in der Heimat der Vorväter oder -mütter verbrachte.

Daniel, Enkel von Ludwig Mohr, war 1964 zeitweise aus den USA zurückgekehrt. Hier bei seiner Ankunft auf dem Frankfurter Flughafen

Allen, auch jenen, die in der Fremde blieben, ist unser stetes Andenken gewiss.

Neckarheller in der Fremde. Grabstein von Else Mohr in Salzhausen, Lüneburger Heide

Eine ganz besondere Ziegelhäuserin und Neckarhellerin in der Fremde ist das alte Neckarschiff des *Ludwig Mohr*, seine *Anne*.

Sie wurde 1922 in Neckarsteinach in der Schiffswerft *Ebert & Söhne* als Fähre gebaut und für 90 Personen zugelassen.

Nach zweiundsechzig Jahren erwarb sie der Heilbronner Betrieb *Hartmann* im Jahr 1984, wo sie mit viel Sachverstand umfangreich umgestaltet und in die heutige Form gebracht wurde.

Später, im Jahr 2002, erwarb sie Ingenieur *Klaus Lorenz* aus *Linz an der Donau* in Österreich für sich und seine Familie. Die Umsiedelung vom *Neckar* an die *Donau* dauert ganze sechs Tage.

Die *Anne* von Ludwig Mohr in Linz an der Donau im Jahre 2008

Auf und mit ihr und im neuen Gewand tuckert Familie *Klaus Lorenz*, Donau auf und Donau ab.

Claudia, Stefan und Peter Lorenz

So hat die gute alte *Anne*, das einstige Neckarschiff, die Fähre *vunn hiwwä nach niwwa unn zurigg*, eine neue Heimat und *liebende neue Eltern* im europäischen Ausland gefunden.

Auf diese Weise wurde ein Stückchen Neckarheller und Ziegelhäuser Tradition in der Fremde erhalten, wo es liebevoll gepflegt wird.

Freizeitkapitän Klaus Lorenz auf seiner und unserer Ziegelhäuser *Anne*

Vielleicht finden sie mit ihrer neuen Mannschaft ja eines Tages besuchsweise ihren Weg über *Donau, Main-Donau-Kanal, Main, Rhein* und *Neckar* den Weg zurück in die alten Gefilde bei den längst verschwundenen Neckarwiesen.

Sie ist willkommen.

17. Sportliche Vergnügungen

Der *Neckar* bot reichlich Gelegenheit, sich sportlich zu betätigen.

Schwimmen war Pflicht, Neckarschlepper oder deren Beiboot, das hinten ange-hängt war, besteigen auch.

Freizeit-*Sportlerinnen* im Neckar. 1934

Nicht selten verließ man dazu die *Neckarhelle* und ging in das Freibad *Unnedraus*. Man ging also vorübergehend *unnenaus*.

Daneben gab es aber auch schon frühzeitig in *Ziegelhausen* Turnvereine und Sportvereinigungen, in denen natürlich auch Neckarheller Mitglied waren.

Neckarheller Sportjugend

Das *Windspiel* von Ludwig Daub

Oder man hatte, auch das am Wasser geboren, ein Paddelboot. Allerdings nicht immer zu sportlichen Zwecken.

Und dann war da natürlich noch der *Kürvel* (*Kirfl*).

Der *Kürvel* war ein Unikum und das nicht nur als Sportskanone.

Mit gleichem Fleiß und mit mindestens ebenso viel Talent machte er Musik. Seine Klarinette, sein Saxophon und nicht zuletzt sein Schlagzeug sind unvergessen. Das kann man mit Fug und Recht behaupten.

Sein Humor ist legendär. Seine Faxen, sein lausbübischer Gesichtsausdruck, sein hintergründiger Frohsinn waren unvergleichlich.

Der *Kürvel* Hans Müller, rechts mit dem *Daube Lui* als *Alde Waiwa*, auf einer Konfimation am 15. März 1964

Der *Kürvel* war ein *Universaltalent*. Sportlich, musikalisch, lustig. Alles zusammen oder jedes für sich und alles gleichermaßen gut, ehrlich und herzlich.

Wenn der *Kürvel* in Hockenheim antrat, wurde morgens der Kartoffelsalat angerichtet, den man am Mittag an der Rennstrecke verspeiste.

Bei jeder Runde wurde er lautstark angefeuert.

Leider hat er selten gewonnen, weil irgendwann immer seine Maschine streikte und ihm das Geld für Reparaturen und Ersatzteile fehlten. So war das damals mit dem *Kürvel*.

Der *Kürvel* als Sieger im Wachenbergrennen am 14.8.1938

Musik gespielt hat er länger. Bis die Zähne nicht mehr mitmachten, wie er sehr bedauerte. Aber trommeln konnte er auch dann trotzdem immer noch.

Und seine Späße haben ohnehin alles überdauert.

„… auf dem neuen Friedhof auf dem Büchsenacker wird man aufrecht begraben, damit man die Schlossbeleuchtung besser sieht …"

(Zitat *Kürvel* zu meiner Frau, die bei ihrer erster Begegnung mit ihm – als Nichtziegelhäuserin – noch nicht ahnte, wen aus der neuen Verwandtschaft sie da vor sich hatte).

18. Gewerbe und Gewerbetreibende

Im Einzugsgebiet vieler Bäche und mit einer Reihe von Quellen und Brunnen gesegnet, entwickelte sich auch in der *Neckarhelle* frühzeitig das Wäschereigewerbe.

… Wenn die Wesch weddld …

Die *Wesch weddld*

… waren die Hausfrau und der Wäschereibesitzer glückliche Menschen. Bis *Heidelberg, Mannheim, Karlsruhe* und *Darmstadt* ging es zur Kundschaft.

Zu Fuß, auf Pferdekutschen oder der Bahn. Später kamen dann die ersten Lastwagen dazu.

Mit den Benzinkutschen entstand das Problem des Treibstoffes beziehungsweise das Problem, wie und vor allem auch wo man das Gefährt mit selbigem versorgen solle.

Die Gunst der Stunde wurde von *Konrad Daub* genutzt und die erste Tankstelle in der unteren *Neckarhelle*, Marke ESSO, Anfang der dreißiger Jahre gegründet.

Drei weitere sollten in späteren Zeiten folgen.

Die LEUNA, später Gasolin und ARAL, die SHELL und schließlich die BP.

Jetzt gibt es keine mehr und es ist etwas verloren gegangen, was fast schon mit dem Begriff *Tradition* zu bezeichnen sein könnte.

Zunächst ging es noch sehr bescheiden zu. Doch nach und nach, wahrscheinlich als die Nachfrage mehr und mehr wurde und die Umsätze stiegen, wurde man kundenbewusster.

ESSO-Tankstelle Konrad Daub OLEX-Tankstelle Zapp, später BP
Die ersten Zapfsäulen in der Neckarhelle

Um auch an Regentagen beim Nachfüllen des Tankes trockenen Fußes seinen Wagen verlassen und auch wieder in ihn einsteigen zu können, wurde das Ganze mit einem Dach versehen, welches noch lange nach dem Krieg in seiner alten Form Bestand hatte.

Außerdem wurde damals auch die Zapfanlage erweitert.

Erweiterte und überdachte Zapfanlagen. 1939

Erst Mitte der sechziger Jahre schließlich wich das Alte und machte Neuem Platz.

Die Tankstelle im Jahre 1980

Und die Preise waren bis dahin auch gewaltig gestiegen.

Einmal mehr wurde ein Mittelpunkt nachbarschaftlichen Lebens geschaffen.

Auf der Bank neben der Zapfsäule, dem *Bängl*, fand sich die Nachbarschaft zum abendlichen Plausch oder zum Ratschen ein oder es wurden – später – die neuesten Nachrichten von den fernen Kriegsschauplätzen mitgeteilt, wie sie per Feldpostkarte eingetroffen waren.

Der *Eis-Wolf* beim Tanken

Selbstverständlich tankten auch tüchtige Geschäftsleute und vertrieben nebenher ihre Waren.

So hielt der *Eis-Wolf* nicht nur seine Kunden bei guter Laune, indem er selbst mit seinem Gefährt Kunde war, in heißen Sommern sorgte er schon damals, lange vor den italienischen Eisdielen, für süße fruchtige oder schokoladige Abkühlung.

Weniger auf dem *Bängl* im würzigen Duft der Benzinwolken, dafür aber zu Hause im gemütlichen Wohnzimmer, in der *Guud Stubb*, die nur sonntags geöffnet und nur im Winter, wenn überhaupt, geheizt wurde, sorgten gepolsterte Sitzmöbel für die nötige Bequemlichkeit.

Allen voran das *Chaiselonge* mit hoch aufstellbarem Kopfteil und grobem aber stabilem dunklem Bezug. Es sollte lange halten und schmutzabweisend sein. Zumindest sollte der Schmutz nicht so ohne weiteres zu sehen sein.

Jakob App   Else App
                    Sattler und Polsterer

Für die richtige gepolsterte Unterlage sorgte Jakob App in seiner Sattlerei und Polsterei. Ihm zur Seite unermüdlich seine Frau Else.

Einmal, als sie ihm auf eine Bemerkung mit dem Götz-Zitat „*L.m.a.A., Jakob …*" antwortete, glaubte sie sich ertappt und schlug sich überrascht vor den Mund und meinte …

„*… ach Godd, ach Godd, jetzt haw' isch laud gedängd …*"

worauf er gelassen meinte, dass er jetzt endlich wisse, was sie denke, wenn sie nichts sage.

Wer es besonders schön haben wollte, musste sich, wenn er nicht seine eigene Blumenecke im Gemüsegarten hatte, in der nahe gelegenen Gärtnerei Reinhardt den entsprechenden Schmuck besorgen.

Natürlich auch für die Setzlinge und Pflänzlinge im Frühjahr, den ein oder anderen exotischen Fremdling im Kräutergarten oder im Gemüsebeet und für die Veredelung der vielfältigen Baumarten und Obstsorten auf den fruchtbaren Neckarwiesen wurde sicher bei Reinhardts auch bestens gesorgt.

Familienmitglieder beider Familien. Georg und Jean Reinhardt vor dem Haus der Gärtnerei, heute Neckarhelle 118

Schön und ordentlich sollten aber nicht nur Haus und Hof, Wiesen und Gärten, die Straße oder – wie jedes der Häuser in der buckligen *Neckarhelle* eine hat – die Treppe sein, was hermachen wollten auch ihre Bewohner.

Dazu musste in erster Linie einmal ein Friseur seine Dienste anbieten.

Ein solches Ladengeschäft gab es nicht, aber den ein (oder auch) anderen Meister, der Hausbesuche machte und auf diese Weise den Friseurladen ersetzen konnte.

Max Kolb, Friseurmeister

Da fielen dann zumindest bei den Herren die Haare zu Hause zu Boden, meist nach Feierabend oder am Samstagmorgen in der Küche.

Waren sie besonders lang und lag der letzte Verschönerungseingriff besonders weit zurück, nannte man das Ganze ‚Putzwolle' oder authentischer *‚Butzwoll'*.

Wer sich schon einmal, besonders die Damen, den Strapazen dieser Renovierungsarbeiten unterzogen hatte, leistete sich unter Umständen – damals war das noch ein weit weniger preisgünstiges Unterfangen, wie es heute der Fall ist – dann noch den Luxus, ab und zu und zu besonderen Gelegenheiten wie Konfirmation oder Kommunion, sich fotografisch ablichten zu lassen.

Dafür konnte man sich getrost bei *Arno Roth* ins Studio begeben.

Für amtliche Aufnahmen wie Führerschein oder Ausweispapiere ebenso wie für das private Portrait. Auch konnte man seine eigenen Filmaufnahmen dort abgeben und die Entwicklung des Filmes einschließlich der Abzüge in Auftrag geben …

Auftragstasche des Fotogeschäftes Arno Roth

… wenn dem Kunden nicht der Zutritt in den Hof von dem hinter dem Mäuerchen lauernden Dackel *Waldi* versperrt und laut bellend verwehrt wurde.

Man konnte dieser Gefahr auch einfach dadurch entgehen, dass man in das Ladengeschäft *Martus* ging. Auch dort war fachkundige Beratung in Bezug auf Fotografisches gewährleistet. Zudem hatte es den Vorteil, dass man neben den fotografischen Arbeiten auch gleich weitere Aufträge erteilen konnten, die sich im Bereich der *elektrischen Versorgung* bewegten. Unterhaltungstechnik würde man es heutzutage nennen, oder HiFi. Radio-, später Fernsehgeräte, Erleichterungen für die Hausfrau wie Bügeleisen, Küchenmaschinen, selbstverständlich alle Arten an Fotoarbeiten.

Das alles wird mittlerweile überwiegend von und in großen Centern erledigt, die am Rande der Stadt in großen Einkaufszentren liegen, mit genügend Parkplätzen und – leider nicht allzu selten wenig sachkundigem oder kundenfreundlichem Personal.

Foto-und Radio-Geschäft Martus im Jahre 1965

Das war damals noch anders.

In den kleinen Lädchen wurde man individuell beraten und bedient. Meist kannte man sich persönlich, war zusammen zur Schule, in die Lehre oder zum Militär gegangen oder man war sogar gemeinsam im Krieg gewesen und hatte ihn überlebt.

Der Kunde war noch König.

Sicher hat nicht jeder im Leben immer das gerne gelernt und später als Beruf ausgeübt, was ihm eigentlich Spaß gemacht und was ihm mehr gelegen hätte.

Vielfach galt es, den elterlichen Betrieb zu übernehmen, vornehmlich noch den väterlichen zu jenen Zeiten.

Brotlose Künste wie Musik, Schauspielerei oder Malerei waren verpönt.

Für's Studieren reichte das Geld so gut wie bei keinem, zumal der Weg bis dahin schon teuer genug geworden wäre, des Schulgeldes, des Schulweges und der Schulkleidung wegen.

Also erst einmal was … *Gschaides* … lernen, hieß es da ganz pragmatisch.

Ein Handwerk, die Wäscherei und das Fuhrunternehmen boten sich als Alternativen an.

Wäschereifuhrwerk bei der *Hirschgasse* auf dem Weg Richtung Ziegelhausen

Die beiden Letzteren hatte lange Tradition im Ort. Manchmal in gemeinsamer Ausübung und voneinander abhängig.

Später wurde es dann etwas bequemer und die neuen Zeiten machten sich auch hier bemerkbar.

Wahrscheinlich war dies auch der Grund dafür, dass es nach und nach plötzlich vier Tankstellen alleine in der *Neckarhelle* gab: die *Daub*'sche ESSO, *Dieter*'s LEUNA später GASOLIN, dann ARAL, die SHELL des *Bähre Hoiner* und ganz oben die BP beim *Zapp*, wie man sagte.

Denn die *Neckarhelle* wird von *Heidelberg* aus gezählt. *Unne* ist also beim *Ruß'* und *owwe* ist an der *Rosensteige*. Die Hausnummern laufen (heute) umgekehrt. Sie beginnen an der Kreuzung und laufen abwärts mit steigender Hausnummer. Früher war das anders herum.

Da war zum Beispiel das heutige Haus Neckarhelle 114, die Heidelberger Landstraße 12. Von da ging es Richtung Dorf aufwärts, *nuff*, also hat auch *owwe* gestimmt. Man ging … *ins Dorf nuff* … allerdings war zum Beispiel die Praxis von Dr. Helmut Schneider oder der Daub bereits wieder … *unnedraus*, also eigentlich, wenn man es genau nimmt, *owwedraus*.

Ob unten oder oben, ob am *Ruß'* oder der *Bärenbach*, *naus* war man an diesen beiden Marksteinen auf jeden Fall.

Doch zurück zum Thema! Nicht jeder konnte also das machen, was er bevorzugt hätte.

Dem ein oder anderen gelang es, neben seinem Beruf auch seinen Neigungen nachzugehen, seinen Beruf auch zu seinem Hobby zu machen oder umgekehrt.

Einer davon war – wieder einmal kommen wir auf ihn zurück – der *Kürvel*, korrekt eigentlich ja der *Kirfl*.

Zweiradmechaniker, das war der *gschaidä* Beruf, Motorradrennfahrer, das war das Hobby, zu dem ihm der Beruf Pate stand und dann die Musik, seine Klarinette, das Saxophon und das Schlagzeug, das war die Neigung.

Bei den meisten dieser Generation kam irgendwie der Krieg dazwischen und hat vieles zunichte gemacht, was sie sich erträumt hatten. Denn auch früher hat man Träume gehabt.

Vielleicht hätten wir dann auch unseren *Schumi* oder unseren *Hugo Strasser* gehabt in der *Neckarhelle*.

So hat er also sein Fahrradgeschäft geführt, zuerst in der unteren *Neckarhelle*, also wieder *unne*, gegenüber der ESSO-Tankstelle in einem ehemaligen Stall …

Emaillschild an Kirfls Werkstatttür

… später ist er *nuff* gezogen, also nach *owwe*, wo er im Haus vor der *Rose*, später vorübergehend im dortigen Hinterhaus, einem Häuschen, beim *Stumpfe Emil*, nachdem dieser dort ausgezogen war, untergebracht war. *Wackelburg* hat er diese zeitweilige Bleibe genannt.

Letzte Heimstatt für sein Geschäft war im *Bachwegl*, oberhalb des *Eiscafés Cristallo*.

Alles war piccobello aufgeräumt in seiner Werkstatt, die gleichzeitig Verkaufsraum war. Ein Geruch von Gummischläuchen, Motorenöl und Schmierfett durchzog den Laden.

An der Seite hingen die Fotos von den Motorradrennen und Strecken, auf denen er gefahren war.

Kirfls Werkstatt im rechten Haus

Eine alte Fahrradreparaturrechnung aus dem Jahre 1911

Seine Frau Maria, natürlich die *Kirflin* genannt, hat ihn dabei tatkräftig unterstützt.

Artikel in der Rhein-Neckar-Zeitung zu *Kirfls* 70. Geburtstag 20.01.1982

Für die Musik blieb dann nur am Wochenende Zeit. Und mit der Motorradfahrerei war es nach dem Krieg sowieso bald aus.

Andere führten das traditionsreiche Ziegelhäuser Gewerbe des Fuhrunternehmens weiter. *Gustav Geiger* etwa, der einen MAN sein eigen nannte.

Gustav Geiger und MAN-Lastwagen

Oder *Hans Frank*, der nach einem kurzen Ausflug zu Mercedes Benz die Kölner Marke MAGIRUS DEUTZ bevorzugte.

Neckarheller Jugend, ca. 1957

Neben den Kindern war offenbar auch das Auto als solches für den Fotografen höchst interessant.

Oder sollte es umgekehrt gewesen sein ... ?

Lastwagen von Hans Frank, ca. 1963

Wo Autos gefahren wurden, musste auch Benzin verkauft werden. Wo Benzin verkauft wurde, lag es auch nahe, sich um das sonstige Wohlergehen der Fahrzeuge in Form einer Autowerkstatt zu kümmern. Wer eine Autowerkstätte besaß, der konnte auch gleich Neuwagen verkaufen. Warum eigentlich nicht? Und wer den ganzen Tag über Baustellen und Landstraßen gekurvt war, der genehmigte sich abends auch einmal einen.

Und wo konnte man all das auf einen Schlag und zu bester Qualität bekommen?

Beim *Bähre Hoiner unn soine Buuwe.*

Bis auf einen, den *Udo*, der beim Konditorhandwerk landete, waren nämlich alle dem Auto verpflichtet, der *Kurt*, der *Helmut* ,Helmes', der *Manfred* ,Schrädl', für die Bücher zuständig, und der *Joachim* ,Jockl'.

Mittwoch, 7. November 1979

Heinrich Bähr 70 Jahre alt

Viele Glückwünsche wird heute Heinrich Bähr an seinem 70. Geburtstag im jetzigen Stadtteil Ziegelhausen entgegennehmen, wo er geboren wurde, in jungen Jahren das Kraftfahrzeughandwerk erlernte, teils in der Heimat, teils in der Fremde, wo er – in Ziegelhausen – mit seiner Frau Elisabeth eine Familie gründete, aus der insgesamt fünf Söhne und eine Tochter hervorgingen. In Ziegelhausen rief Heinrich Bähr auch eine eigene Firma ins Leben, die sich schon vor dem letzten Weltkrieg dank der unendlichen Schaffenskraft von Heinrich Bähr, dank seines großen fachlichen Könnens in der Automobilbranche und dank seiner grenzenlosen Hilfsbereitschaft zu einem mehr als beachtlichen Betrieb entwickelte. Dieser später in der Neckarhelle angesiedelte Betrieb bauten dann seine vier im Betrieb tätigen Söhne weiter zum „Auto-Bähr" aus. Neben seinem Betrieb in der Autobranche war der ‚Bähre Heiner", wie ihn liebevoll seine unzähligen Freunde nennen, zusammen mit seiner Frau und seinen Söhnen und der Tochter in der dem Betrieb angeschlossenen gemütlichen Gaststätte „Zur Neckarhelle" tätig, die bald auch zu einem echten Künstlertreffpunkt wurde. – Nachdem vier seiner Söhne den Autobetrieb übernommen hatten, war dies für Heinrich Bähr kein Grund, sich auf seinen Lorbeeren auszuruhen, und so ist er – der gütige Seniorchef – nach wie vor mit dem Betrieb aktiv verbunden und steht jederzeit mit erfahrenem Rat, aber auch mit Tat zur Verfügung. – Heinrich Bähr gehörte bald zehn Vereinen an und hat somit aktiv das Vereinsleben in Ziegelhausen mitgestaltet. Die immer positive Lebenseinstellung hat Heinrich Bähr jung erhalten, und so sieht man ihm, dem stets Aktiven, die jetzt erreichten 70 Lebensjahre überhaupt nicht an. – Die RNZ gratuliert. W. S.

Artikel in der Rhein-Neckar-Zeitung zum 70. Geburtstag des *Bähre Hoiner* am 07.11.1979

Da gab es Benzin, Reparaturen, neue und gebrauchte Wagen, Bier und Essen. Alles auf wenigen Quadratmetern, nahe beieinander und immer gut erreichbar.

Und die *Lissl* sowie das einzige Mädchen, die *Brigitte, schmissen* sicher manches Mal die Küche, um die hungrigen Gäste zufrieden zu stellen.

Es war ein wahrer Mittelpunkt handwerklichen, gastwirtschaftlichen, geselligen und künstlerischen Lebens in der mittleren *Neckarhelle.*

Ein Servicecenter ringsum. Für alles war gesorgt. Auch für die Heimfahrt mit dem Taxi, wenn es mal sein musste, obwohl man es damit früher nicht so genau nahm.

Schräg gegenüber hatte der *Karl Bussemer* sein Taxigeschäft, ein Fuhrunternehmen der speziellen Art.

Mercedes Benz 180   Karl Bussemer

Wie die meisten Taxibesitzer oder Taxifahrer, hatte er einen schwarzen Mercedes Benz 180. Benziner oder Diesel … ? Auf jeden Fall einen in der Art, früher Taxameter genannt.

Auch in den Jahren und Jahrzehnten davor gab es diese Form des Fuhrgeschäftes bereits. Damals nutzte man es wohl leihweise auch als Familienkutsche. Wer es sich leisten konnte halt.

Wem das Geld dazu fehlte, also den meisten, musste wohl oder übel zu Fuß gehen oder mit der Straßenbahn, der *Elektrisch* vorlieb nehmen.

Gesünder war's allemal.

Ziegelhäuser Taxifahrer Hans Frank, später Neckarheller, in den *Goldenen Zwanzigern*

Und manch einer oder eine ist ein ganzes langes und arbeitsreiches Leben treppauf, treppab, bergauf und bergab gehetzt und ist dabei, allen widrigen Umständen zum Trotz, sehr alt geworden.

Kerngesund bis auf die kleinen Wehwehchen des Alters ist die *Liesel Dannbacher*, gemeinhin als die *Reinhardts Lissl* bekannt, gewesen, bis sie fort von der *Neckarhelle* in ein Altersheim nach *Nussloch* gehen musste, wo sie nicht mehr viele schöne Tage erleben sollte.

Sie hatte dort in dem neuen *Zuhause* einen Blick von ihrem kleinen Zimmer in einen an sich schönen Garten.

„… *wenn doch nur ein kleines Bächlein durchfließen würde* …", klagte sie jedem ihrer treuen Ziegelhäuser Besucher.

Ein kleines Bächlein, das ihr den geliebten *Neckar* vorgaukeln sollte, wäre ihr bescheidener Wunsch gewesen.

Die *Reinhardts Lissl* im Alter von 85 Jahren

Dreiviertel eines ganzen Jahrhunderts hatte sie beim *Jean Reinhardt* in der Gärtnerei gedient. Und *gedient* hieß in jenen Zeiten *gedient*. Daher kam es wohl auch, dass sie vom *Jean* bis an ihr Lebensende vom *Herrn* sprach und erzählte.

Wo in der *Neckarhelle* gab es diese einmalige Mischung aus *Persil*, Himbeergutsel, *4711* und Kerzenwachs?

Es waren jene Düfte, die das Erdgeschoss des Hauses mit der damaligen Nr. 40 durchzogen …

Martha Wetzels kleines Lädchen …

… in dem es alles gab, was das Herz begehrte. Rechts am Ende der Theke in dem niedrigen, finsteren, kaum mehr als mannshohen Kellerraum enthielten die runden Glasballons die reinsten Schätze, z. B. Himbeergutsel und die *Briketts* genannten Malzbonbons und andere Köstlichkeiten. Die beiden Fensterläden waren meist geschlossen, denn von innen waren die Kellerfenster zugestellt und die Fensterbänke mit ausgestellter Ware belegt.

Für 10 Pfennig Himbeergutsel … dafür gab es in jenen Zeiten noch eine Tüte voll. Wahrscheinlich legte die *Tante Martha* auch manches Mal noch ein paar mehr dazu. Anzunehmen ist es.

Links vom Eingang, im dortigen Keller, war das Waschpulver gelagert.

Und dann war da noch der Schrank mit dem *Kölnisch Wasser*, mit *4711* und weiteren mehr oder weniger bekannten Duftwässern, Rasierklingen nebst dazugehörigem Schaum, Schuhputzmittel, *Schuuhbändl* und Silberbronze für das Ofenrohr, selbstverständlich Seifen aller Art und alle Größen und Formen und Farben von Wachskerzen, Stearin, Bienenwachs und was die Hygiene und das körperliche Wohlbefinden sonst noch begehrten oder der Haushalt verlangte.

Die *Scheide-Mädle* Martha Wetzel und Johanna Rotzinger mit Roland und Doris. 1949

Welche Schätze der Keller auch sonst noch beherbergt haben mag, es war und blieb diese einmalige unverwechselbare und unvergleichliche Mischung aus *Persil*, Himbeergutsel, *4711* und Kerzenwachs, vielleicht auch noch ein zarter Hauch von *Erdal*, die sich eingebrannt haben ... für alle Zeiten.

Wem wollte man es verdenken, dass er sich nach der Arbeit oder in den Ferien, beim Arbeitnehmer spricht man gemeinhin von Urlaub, ein wenig erholen möchte, ausruhen, neue Kraft schöpfen.

Ob man dazu unbedingt aus *Ziegelhausen* mit seiner *Neckarhelle* weg musste, ist fraglich. In jenen Tagen zumindest blieben viele einfach daheim. Man verreiste noch nicht so wie heute. Und außerdem war es schön genug in unserer Heimat.

Dieser Meinung waren offensichtlich auch viele Auswärtige, zumeist Ausländer, die angereist kamen, oft nicht nur einmal oder zweimal, sondern viele Male, Jahr für Jahr.

140

Campingplatz in der Neckarhelle. Adam Wolf

Neben den Fremdenzimmern, die beinahe jeder zweite Haushalt in der *Neckarhelle* anbot, gab es die drei Campingplätze, auf denen sich die Gäste in ihren Zelten tummelten. Campingwagen waren da die Ausnahme.

Campingplatz von Heinrich Harmann

Ausländische Nummernschilder aller europäischen Nationalitäten und Automodelle in ebensolcher Vielfalt und Pracht parkten den ganzen Sommer über auf den dafür hergerichteten Neckarwiesen der drei Besitzer.

Einfahrt zum Campingplatz Heinrich Harmann

Die überwiegende Mehrzahl waren Holländer, Dänen und Schweden, Engländer auch. Belgier und Franzosen schon etwas weniger. Italiener blieben und bleiben auch heute noch lieber zu Hause.

Die Bürger der Staaten des Ostblocks waren noch lange hinter dem *Eisernen Vorhang* eingesperrt. Österreicher und Schweizer waren eher selten. Spanien und Portugal waren zu weit weg.

Das war es dann auch schon mit dem damaligen Europa.

Anders als – Gott sei Dank – heute.

Die Gäste wollten versorgt und unterhalten sein. Jeder Campingplatz hatte sein Angebot an Verpflegungseinrichtungen, sprich einen mehr oder weniger reichhaltig ausgestatteten Kiosk, ein paar Kickerfußballtische, vielleicht konnte man auch in einer Ecke irgendwo Federball spielen. Damit hatte es sich.

Campingplatz von Heinrich Harmann 1962

Campingkiosk Harmann noch ohne den späteren seitlichen überdachten Anbau

Die Gäste waren – meist ohne die entsprechenden Kenntnisse der deutschen Sprache – dankbar, alles für den täglichen Bedarf im Kiosk vorzufinden.

Und die Besitzer und Betreiber gaben sich redlich Mühe, alles zur Zufriedenheit der Gäste zu erledigen.

Frieda Harmann und Else Gerland mit einem Campinggast

Ein Spruch der Dankbarkeit hat sich in das Gehirn vieler eingegraben … Wer erinnert sich? Es war ein Schlager.

143

Frieda Harmann im Kiosk

„... So was wie die Frieda war noch nie da ..."

So kam es auch für die Einheimischen auf den Campingplätzen an den lauen Sommerabenden zu so manchem fröhlichen und feuchten Stelldichein.

Einheimische in sommerlicher Runde. In der Mitte Heinrich Harmann

Flipperautomaten, DISCO, Spiel- und sonstige Stätten der Vergnügung kamen erst später auf. Da war die Ära der Neckarheller Campingplätze längst vorüber.

Einfahrt Campingplatz Dieter

Die Kioske waren an milden Sommerabenden nicht nur häufiger Treffpunkt der Einheimischen sondern auch Begegnungsstätte mit den Fremden – und den Schnaken. *Schnoogeschdisch* – ein unvermeidbares Übel.

Kiosk Spatz beim Camping Heinrich Harmann

Als besonders laut und trinkfreudig galten die Holländer und gelegentliche Reibereien waren nicht zu vermeiden, aber alles in allem klappte die Völkerverständigung hier unten an der Basis früher und besser als in den Sphären der hohen Politik.

Das alljährliche Wiesenfest des *Arbeitergesangvereins* auf den beiden Wiesen hinter und unterhalb der ESSO-Tankstelle war dann der Höhepunkt der Neckarheller Saison, wo sich alle, Ziegelhäuser und Zeltplatzgäste, gemeinsam einfanden und zwei Tage lang, samstags und sonntags, feierten.

Eine grob gezimmerte Kegelbahn und eine ebensolche Tanzfläche waren die beiden einzigen Unterhaltungsangebote, die aber nichtsdestotrotz eifrig in Anspruch genommen wurden.

Beim montäglichen Abräumen gab es für die Mitglieder des Vereins und für die anderen Helfer die Restbestände an Bier, Wein, Würstchen und Heringsbrötchen als Belohnung für den anstrengenden Einsatz.

Hans *Mozart* Müller, Mitglied des Arbeitergesangvereins und *Pedderisch* (Pate) des *Kirfl* Arbeitergesangverein. Mitgliederehrung des *Kirfl* (2. von links)

Um aber bei den Würsten und den Fischen zu bleiben.

Einen Metzger mit eigener Schlachtung gab es in der *Neckarhelle* nicht, aber es gab Hausschlachtungen. Und für dieses häusliche Ereignis, wenn es der Sau im wahrsten Sinne des Wortes an den Kragen ging, holte man sich einen Fachmann ins Haus. Sehr beliebt bei diesem Geschäft war *Valentin Bückle*.

Valentin Bückle im *Außendienst*

Eigentlich hatte er einen Gemüseladen gegenüber der obersten der vier Tankstellen, der BP, in dem er auch Fisch anbot. Als Kind musste ich öfter mal zum *Bückle* gehen, um *Bücklinge* zu kaufen, was mich immer fasziniert hat, denn ich war der festen Meinung – des Namens wegen – *Bücklinge* gäbe es nur beim *Bückle* und dass sie daher ihren Namen hatten. Oder er …

Später war ich dann schlauer.

Die Bücklinge gab es zu Pellkartoffeln, ein wohlschmeckendes, preiswertes und nahrhaftes Gericht.

Familie Valentin Bückle

Das kleine Lädchen betrat man durch eine niedrige zweiflügelige Tür.

Das Geschäft von Valentin Bückle. Vor dem Haus seine Kinder.

Nach einem oder zwei Schritten stand man schon vor der Theke und die Frau Bückle, als eine kleine, rundliche, freundliche Person habe ich sie in Erinnerung, meist war sie im Geschäft, schlug eine alte Zeitung um die Ware und ab ging es nach Hause, wo die Pellkartoffeln bereits auf ihre duftende goldbraune Beilage warteten.

Wer so ein Haus geerbt hatte, und die meisten hatten so ein altes Haus, benötigte mit Sicherheit da und dort einen fleißigen und sachkundigen Handwerker.

Ob im Dachbalken der Wurm nagte, eine Fensterscheibe zu Bruch gegangen war, der Dachkandel ein oder mehrere Löcher hatte oder irgendwo ein Brett millimetergenau eingepasst werden musste, es fand sich immer einer, der dafür zuständig war und mit Sachverstand dem Übel zu Leibe zu rücken wusste.

Heinrich und Katharina Ziegler, Glasermeister, Philipp und Käthe Ziegler, Schreinermeister, mit Tochter Doris

Der Beruf des Glasers und Schreiners hatten von jeher viel gemeinsam und so wurden oft beide Berufe von ein und derselben Person ausgeübt.

Zumindest waren häufig beide Berufsstände in einer Familie vertreten.

Und wie überall spielten auch bei den *Zieglers* die Kinder vor oder in der Nähe des Hauses.

Spielende Kinder vor der Werkstätte der Zieglers

Bekanntermaßen war *Ziegelhausen* ein Wäscherdorf. Fast jedes Haus hatte auf dem Berg oder auf der Wiese einen meist recht geräumigen, oft zweistöckigen *Schopfen*, in den die Wäsche zum Trocknen aufgehängt wurde.

Natürlich konnte so ein Gebäude auch anderweitig verwendet werden. Bei den einen lagerte Heu, bei den anderen standen die Hasenställe mit Stallhasen freilich, also Kaninchen, drinnen.

Langsam wurden die Zeiten moderner und viele Hausfrauen schafften sich nach und nach eine Waschmaschine an und hatten es von nun an doch deutlich einfacher.

Der *Heinrich Bückle*, seines Zeichens eigentlich Spengler und Flaschner – das waren die früheren Bezeichnungen für das, was heute Installateur heißt – war nicht nur wie vorher sein Vater *Rudolf* für undichte Dachrinnen und Abflussrohre, kurz *Dachkandel*, tropfende Wasserhähne und das Verlegen neuer Wasserleitungen, später auch den Einbau von Heizungen zuständig, bei ihm konnte man sich auch über die neuesten Modelle an Waschmaschinen informieren, sie bestellen und liefern lassen.

Heinrich Bückle

SPENGLEREI · INSTALLATION · SANITÄRE ANLAGEN

Firma / Herrn

Hans Frank

Ziegelhausen

ZIEGELHAUSEN
Heidelberger Landstr. 17, Telefon 50431

Bankkonto:
Spar- u. Kreditbank Ziegelhausen
Konto Nr. 5473

Rechnung Nr. ════════ Tag 4.6.1961

		à	DM	Pf
1	Constructa K 3 FS. 1961		1780.	--
	Aufpreis		200.	--
			1980.	
	5%		100.	
			1880.	
	Bruchversicherung		7.	
			1887.	

Rechnung für eine Waschmaschine Marke *Constructa* aus dem Jahre 1961

Das war in jenen Anfangszeiten kein billiges Vergnügen.

Im Vergleich zu einem durchschnittlichen Gehalt waren die Automaten geradezu sündhaft teuer und daher auch durchaus nicht in jedem Haushalt vertreten und keineswegs ein Muss wie heutzutage.

Zwar musste die Wäsche noch immer zum Trocknen auf die Wiese, auf den Speicher oder in den *Schopfen*, aber es entfiel immerhin das lästige und Kräfte raubende Einweichen, Kochen, Bürsten, Schwenken und Auswringen der Kleidung.

Was blieb waren das Aufhängen, Abnehmen und Bügeln. Und es blieb auch der sparsame Umgang mit dem Wasser, das nach wie vor aufgefangen wurde, damit wurden hinterher die Küchenstühle im Hof oder auf der Treppe geschrubbt, bis sie selbst ganz grau waren. Und das Trottoir und selbstredend die Sandsteintreppe wurden ebenfalls mit dem wertvollen Nass gebürstet und geschwenkt.

150

Adam Bauer, Zimmermann in der Neckarhelle

Die *Schopfen* gab es seit alters her und es war selten nötig, einen neuen zu errichten. Im Gegenteil. Eher wurden sie abgerissen, weil nach und nach die Wäschereibetriebe der Konkurrenz der privaten Waschmaschinen weichen und schließen mussten.

Immerhin gab es ab und an an dem ein oder anderen Schuppen eine Reparatur vorzunehmen und dazu war ein Zimmermann nötig, wer auch sonst, wenn es in den alten Dachbalken knisterte.

Wer anders kam da in der *Neckarhelle* in Frage als der *Adam Bauer* mit seinen Leuten.

Ein Ausspruch meiner Oma lautete: *„Ein guter Angeber ist besser als zehn Schaffer."*

Wie auch immer. Beide, Schaffer und Angeber, mussten essen.

Einen Metzger gab es in der *Neckarhelle* nicht. Daher vertrieb die Bäckerei *Heidenreich* neben den Backwaren auch gleich die Wurst und das Fleisch mit. Links war der Bäckerladen, rechts der Fleischerladen. Hinten waren beide miteinander verbunden, vorne konnte man sie getrennt betreten.

Drei Generationen *Bäckerles* gab es. Der Vater hieß *Karl*.

Bäcker Karl Heidenreich (2. von links)

Mit und nach ihm kam sein Sohn *Paul.*

Die ganze Familie war an arbeitsreichen Tagen eingespannt. Oma, Opa, Schwester, Schwager, Kinder. Wer Beine hatte, half mit, dass alles ruhig und geordnet über die Bühne ging.

Backstube in der Bäckerei Heidenreich. Paul, Traudel und Helga

Unvergessen ist der Käsekuchen der Oma *Else*, wie nur sie ihn zu rühren verstand …

Metzgerwaage

Auch Enkel und Sohn *Karl-Heinz* lernte noch das Handwerk von Vater und Großvater.

Gleich nebenan gab es Molkereiprodukte und auch andere Lebensmittel zu kaufen. In schlechten Zeiten auf Karte.

Milchgeschäft Brunner

Lebensmittelkarte	
¹ Brotkarte gültig für 4 Pfund Brot für die Woche	**² Fleischkarte** ¹/₁₀ Anteil
³ Fettkarte gültig für 62¹/₂ Gramm für die Woche	**⁴ Karte für Landeserzeugnisse** Zucker, Kriegsmus, Dörrgemüse, Graupen
⁵ Eierkarte gültig für 1 Ei für den Monat	**⁶ Fischkarte** gültig für ¹/₂ Hering
⁷ Gemüsekarte gültig für Koßlrüben (Steckrüben) oder Möhren	**⁸ Petroleumkarte** gültig für 1 Liter Petroleum
⁹ Kartoffelkarte gültig für 7 Pfund Kartoffeln für die Woche	**¹⁰ Koßlenkarte** gültig für 1 Ctr. Hausbrandkoßle oder 1 Ctr. Briketts oder 1 Ctr. Koks

153

Familie Gretel und Emil Brunner mit Tochter Gertrud. Tochter des Fährmanns Johann Wolf, daher nur die *Wolfe-Gretel* genannt

Wen es zwickte und zwackte, der rief nicht gleich nach einem Doktor. Ein Schnaps half auch oft als erste Maßnahme und die amtliche Versorgung war ohnehin gewährleistet.

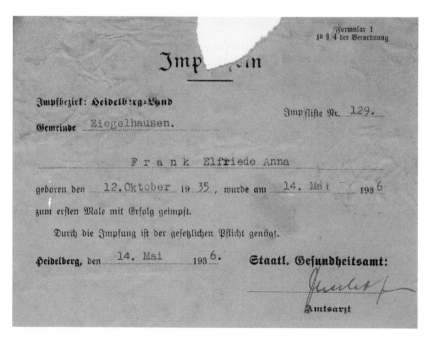

Amtlicher Bescheid über die Erstimpfung von 1935

Manchmal ging es aber auch nicht anders und man kam nicht umhin, einen Arzt zu rufen. Früher kam der noch nach Hause, wenn man nach ihm verlangte. Heutzutage ist das eher die Ausnahme.

Einer der wenigen Ärzte, die es in *Ziegelhausen* überhaupt gab und der gleichzeitig zugezogener Bürger in der *Neckarhelle* war, war *Dr. Robert Sütterlin*.

In den dreißiger Jahren war er aus *Wiesloch* nach *Ziegelhausen* gekommen und hatte die Praxis bis Mitte der sechziger Jahre. Danach kehrte er in seine Heimat zurück und praktizierte bis zu seinem Tode im Jahre 1971 noch einige Jahre in *Wiesloch*.

Außerdem gab es früher noch den *Dr. Bartsch* und später den *Dr. Schüle* in der Neckarhelle.

Dr. Robert Sütterlin mit Neffe Dr. Friedhelm Sütterlin und Haushälterin Frau Hedwig Link.
Weihnachten 1957

Bei Zahnschmerzen hieß es gut nachdenken, ob man zum Allzweckhausmittel Marke *Hausbrand* greifen wollte, welches nur für kurze Zeit Linderung verschaffte und am nächsten Tag vielleicht einen dicken Kopf bescherte, oder ob man lieber gleich den Fachmann aufsuchte, auch eine Tortur, aber von anhaltenderem Erfolg.

Wofür immer man sich entschieden hatte, spätestens bei den *Dritten* galt es, sich um einen Termin beim Zahnarzt oder Dentisten zu bemühen.

Einer von ihnen war *Julius Rink*. Eigentlich war er der *Rinke Juss* und niemand nannte ihn anders.

Unweit der Praxis von *Dr. Sütterlin* hieß er seine Kundschaft, seine geplagten Patienten, willkommen, wenn sie es nicht mehr aushielten. Die hohen Sirr-Töne der damaligen Zahnbohrer werden vielen auch nach Jahrzehnten noch durch die Gehörgänge sausen und unangenehme Erinnerungen wecken

Zahnarzt Julius Rink   Praxisschild

Ziegelhausen ist gewachsen.

Als Wohnort auf Grunde seiner schönen Lage beliebt, als Luftkurort einst ausgezeichnet, bietet es vielfältige Möglichkeiten, Wohnen und Leben, Erholung und Ausspannung, Spiel und Sport sinnvoll miteinander zu verknüpfen.

Als Folge davon hat sich auch eine Reihe von Ärzten vieler Fachrichtungen neu angesiedelt, auch in der unteren *Neckarhelle*.

Die Zahnarztpraxis des *Dr. Stoll* und die Hausarztpraxis des Internisten *Dr. Alchinger* haben das *Dorf* entlastet und viele, die früher den weiten Weg auf sich nehmen mussten, sind mittlerweile auch *unten* gut und fachmännisch versorgt.

Für kompetenten seelischen Ausgleich sorgt Diplompsychologe *Bernhard Schüle*.

Praxisteams Drs. Walter Stoll und Stefan Alchinger

Nicht eben (zahn)ärztliche Kunst, aber mit durchaus vergleichbarem Handwerkszeug, wenngleich weniger filigran, vollbrachten die Schlosser ihre Aufgaben. Bohrer, Meißel, Hammer … Einer von ihnen war *Lorenz Bischoff.*

Lorenz Bischoff, Schlosser

Nadel und Faden waren nicht eben ausschließlich medizinisches Werkzeug. Eher war es umgekehrt.
Bevor es den Medizinmann gab, wurden mit diesem zierlichen Gerät Gewänder geschneidert.
Zwirn, Garn, Knöpfe, dazu feines Tuch und knisternde, glitzernde Seide, die Schere und die Elle – sieben auf einen Streich – und ein großer Tisch und fertig war die Schneiderwerkstatt.
　　Eine Werkstatt wie sie bei *Ernst Rössig* zu finden war.

Ernst Rössig, Schneidermeister

Schneiderrechnung

Auch damals waren gute Handwerker nicht billig, aber sicherlich ihr Geld wert.

Dreh- und Angelpunkt unseres Ortes war und ist die Kreuzung, von wo aus es links ab nach *Peterstal* und *Wilhelmsfeld* geht oder rechts ab ins *Dorf* hinein, dem Ortskern, nicht zu verwechseln mit dem Dorf als Ganzem. Diese Stelle heißt sinnigerweise nicht umsonst auch die *Drehscheibe*.

Dort war ein beliebter Treffpunkt, wenn man vom Einkauf, von der Schule, vom Arzt, von der Kirche, von der Sparkasse oder vom Friedhof kam.

Hier kreuzten sich die Wege aus und in alle Himmelsrichtungen. Wer auch immer, egal woher kam und egal wohin wollte, er musste fast zwangsläufig an der *Drehscheibe* vorbei. Oder er wollte vorbei, denn meist traf man da jemanden, der auch rein zufällig von dorther kam und nach dahin wollte.

Ob in die *Neggahell'*, in die *Stääbach*, auf die *Glaashitt*, ins *Doaf*, zum *Doktor Schneider unnedraus* oder auf den *Käjschhoof*, wenn man keine großen und überflüssigen Wege machen wollte, führte kein Weg an der *Drehscheibe* vorbei.

Ebertplatz, die *Drehscheibe*

Zudem gab es dort einen schönen kleinen Park mit altem Baumbestand und Bänken, die zum Verweilen einluden, der heute einer modernen Scheußlichkeit gewichen ist.

Im Sommer spielte hier an manchen Sonntagen eine Musikkapelle ein Platzkonzert, *Kirfl* inklusive.

Vielleicht war das mit einer der Gründe, warum hier ein Gasthaus mit angeschlossenem Kino, die *Rose* nämlich, seinen Betrieb hatte.

Offensichtlich handelte es sich hier um ein lokales Informationszentrum der alten Art. Kommunikation auf traditionelle Weise, Mundpropaganda, man kann auch Tratsch sagen, wurde hier ausgiebig betrieben, bis es mit einem raschen Blick auf die Uhr und einem verzweifelten *„Ach Godd, ach Good, schunn so schbeed"* und einem *„Allaa donn"* nach Hause ging.

In die *Neggahell'*, in die *Stääbach* oder ins *Doaf* …

Hier am kommunikativen Zentrum, auch das möglicherweise kein so großer Zufall, gab es ein Geschäft, welches sich um das seelische Wohlergehen seiner Kunden im weiteren Sinne kümmerte.

Hier gab es Tabakwaren und Zeitungen für die Erwachsenen, Postkarten und Schulbedarf.

Stabile *Lego*-Bausteine, schmucke *Faller*-Häuschen und die neusten Modelle der *Märklin*-Eisenbahn, ungesund für den Inhalt der Bäuche der strapazierten Sparschweine der Kinder und Halbwüchsigen jeder Altersgruppe, aber steter Magnet für Kauffreudige.

Lotto und Toto nicht zu vergessen.

Emil Hellstern war das Zauberwort. Der Geschäftsinhaber aus dem Schwäbischen war längst zu einem Einheimischen geworden.

Sein Geschäft war schon fast nicht mehr in der *Neckarhelle*. Es stand sozusagen am Scheidepunkt zwischen dieser und dem *Dorf.*

Einmal, es war im Jahr 1964, gab es sogar einen Lehrer, der einen Schüler aus seiner dritten Klasse während des Unterrichts zum Geschäft *Hellstern* schickte, um Zigaretten zu kaufen.

Reyno mit Minzegeschmack. Seine Sucht sei ihm nachträglich verziehen.

Das ehemalige Schreibwarengeschäft Hellstern. 2009

Emil Hellstern (links) auf einem Ausflug des Neckarheller Vereins

Gleich um die Ecke, Wand an Wand sozusagen, aber nun definitiv schon nicht mehr zur *Neckarhelle* gehörig war die Spenglerei und das Haushaltswarengeschäft *Horn*, die *Horne Buuwe*.

Haushaltswarengeschäft Horn

Von hier ging es den *Neckarweg* hinunter bis zur Mündung der *Steinbach*, die früher hier noch offen floss. An der *Adlerüberfahrt* konnte der Wanderer, der durch die *Neckarhelle* herauf gekommen war, rechts abbiegen und auf dem Neckaruferweg, dem *Leinpfad*, wieder zurück marschieren und die *Neckarhelle* von ihrer auch nicht unschönen Flussseite aus in Augenschein nehmen und dabei seinen Blick über den Fluss in das erwähnt sonnenarme *Schlierbach* streifen lassen.

Dazu musste er linker Hand die Drogerie *Imhof* passieren, vor welcher der untere Dorfbrunnen stand, aus dessen beiden Rohren munter das Wasser in den blumengeschmückten Trog sprudelte, wenn es nicht gerade Winter war.

Drogerie Imhof

161

Nun befand er sich, wenn er an den Gänsen des *Mohre Lui* unbeschadet vorbeige-kommen sein sollte, auf dem Rückweg.

Steinbachmündung

Natürlich bot sich, ganz nach Belieben, auch eine Einkehr im Biergarten der *Rose* oder des *Adlers* zum Verweil an.

Biergarten des *Adlers*

19. Häuser und andere Gebäude

Häuser gibt es an jeder Straße, zwangsläufig, auch Gebäude, wobei mir der Unterschied nicht so genau klar ist. Auch Häuschen, von mir aus.

Aber in der *Neckarhelle* gibt es zudem auch noch den Begriff des *Hais'ls*.

Ä schääns Hais'l, ä klääns Hais'l, ä alds Hais'l … Ä drägisch's Hais'l ist dann schon eher *ä aldi Buairg*.

Wobei *Ä schääns Hais'l* durchaus recht stattlich sein kann, wohingegen *ä klääns Hais'l* und *ä alds Hais'l* automatisch eher klein sind, denn *ä klääns Hais'l* ist zwangsläufig klein und *ä alds Hais'l* ist es meist auch, weil man in alten Zeiten doch immerhin etwas bescheidener baute als heutzutage.

Klää, schää oder ald, ansehnliche Häuschen gab es in der *Neckarhelle* viele. Leider wurden sie zum Großteil in den letzten Jahren und Jahrzehnten durch Umbauten oder Neubauten dermaßen verunstaltet, dass man am liebsten auf der Umgehungsstraße nur noch ganz schnell an der *Neckarhelle* vorbeisausen möchte, ohne den innigen Wunsch zu verspüren, einen Blick in die altehrwürdige Straße und alte Heimat zu werfen.

Klää war und ist es nicht, was sich einem als erster Blick nach dem *Ruß* als Hotel *Haarlaß* darbietet, aber *schää*, und *ald* sowieso. Selbst im neuen Gewande ist es, heute beträchtlich erweitert, noch erträglich.

Stattlich wäre der richtige Ausdruck. Stattlich und einladend und selbstredend an einer der schönsten Stellen überhaupt errichtet. Gegenüber dem *Hausacker*, mit Blick auf den *Neckartal*, flussauf und flussab, den *Königstuhl* und das *Schloß* zugleich, die Stadtsilhouette mit den Kirchtürmen der *Heiliggeistkirche* und der *Jesuitenkirche*.

Das Stauwehr sieht man auch …

Schlierbach nicht zu vergessen, da wo die Sonne nie hinscheint …

Gebäudekomlex Hotel *Haarlaß*

163

Nicht minder prächtig wirkt wenige Schritte weiter das Kloster *Stift Neuburg* mit seiner weithin sichtbaren Kirche, den wehrhaften Türmen, dem Altan, der Klosterpforte, der Gärtnereipforte und dem Kuhstall.

Stift Neuburg, der Altan und die Klosterkirche

Wenn man den kleinen Umweg über die *Stiftshohl'* gemacht hat, vielleicht an der Klosterpforte und dem großen Turm vorbei bis zum Kuhstall gekommen ist, wird man die Route zurück über den Weg unterhalb der Klostermauern nehmen, *s' Klooschdawegl'*.

Klosterturm   Der *Kuhstall*

An seinem Ende führt es durch einen kleines Wäldchen, *s'Weldl*. Ganz unten brauste früher die *Mausbach* durch einen tiefen, eingefassten Graben neckarwärts ihrem Ende entgegen. Ein Stück aufwärts speiste sie den zum Kloster gehörenden *Weiher*. Jetzt wird sie ganz unromantisch in Kanalisationsrohren geleitet und ihre Mündung unterhalb der neuen Umgehungsstraße ist nur noch mit Mühe zu entdecken.

Hier unten am Ausgang des *Mausbach*tales sieht man sich unversehens dem Komplex des ehemaligen Hotels *Stiftsmühle* gegenüber mit seinem schönen, alten Garten und den prächtigen Bäumen.

Ausflugslokal, Hotel, Gaststätte und Café mit herrlichem Blick auf den *Neckar*, die vorbeifahrenden Schiffe, die Dampfer und Lastkähne, die von *Plochingen* bis *Mannheim* den *Neckar* befahren.

Café und Hotel *Stiftsmühle*

Gleich gegenüber, ein wenig erhöht und ein Stück von der Straße zurückstehend, erhebt sich das Wohnhaus des damaligen Besitzers *Georg Reinhardt*.

Neckarhelle 130, Haus Georg Reinhardt

Es ist das erste der vielen schönen Wohnhäuser, die die *Neckarhelle* bis zu ihrem Ende an der *Drehscheib'*, zeitweilig auch *Schlageter-Anlagen* genannt, begleiten.

Im Anschluss an dieses Gebäude und seinen Garten erstreckten sich unterhalb und oberhalb der Straße zum einen die *Neckar*wiesen, beziehungsweise der an das Hotel angrenzende Garten für die Gäste, und zum anderen auf der Bergseite die Gärtnerei des *Jean Reinhardt*.

Neckarhelle 118, Haus Jean Reinhardt

Er war der Bruder des Hoteliers.

Der Eingang zu diesem Gebäude wurde durch ein krächzendes schmiedeeisernes Tor versperrt, welches zur Blütezeit von einem üppigen Strauch blauer Glyzinien geschmückt wurde.

Gleich daneben, getrennt durch einen steinigen Garten und durch einen großen Magnolienbaum, dessen abgefallene, schmutzig braun gewordenen und glitschigen Blütenblätter dem Fußgänger auf dem Trottoir zu einer wahren Rutschpartie verhelfen konnten, das Haus der Familie *Mohr*, später *Heinrich Westermann*, dem ersten Ziegelhäuser Bürgermeister nach dem Krieg, die heutige *Neckarhelle 116*, und das Haus der Familie *Daub, In der Neckarhelle 114*.

Haus Mohr   Haus Daub

Manche hatten damals noch den Misthaufen nebenan und das Häuschen mit Herz, *s'Haisl*, gleich dabei. Und gelegentlich kümmerte man sich sogar amtlicherseits darum.

Bezirksamt

Fernſprecher 6151
Poſtſcheckkonto der Bezirksamtskaſſe:
Karlsruhe Nr. 15442

Heidelberg, den 22. Juni 193 6.

Hauptſtraße 207

Abt.II.
=============

Zustand der Dunggrube des Konrad
Daub,Ziegelhausen,Heidelbergerland-
strasse.

Eine Besichtigung Ihrer Dunggrube durch

den Bezirksbaumeister ergab die Notwendigkeit folgender

Auflagen:
=================

1) Abort- und Jauchegrube müssen vollkommen dicht herge-
stellt werden. Der nach der Strassenrinne bestehende
Ueberlauf ist zu beseitigen.

2) Keinesfalls dürfen die Fäkalien aus dem Abort auf die
Dunglege gelangen. Es ist deshalb im Abort ein Closet
aufzustellen und von diesem ein Fallrohr nach der
Jauchegrube zu führen. Das Fallrohr muss etwa 30 cm
über dem Grubenboden ausmünden.

Zum Vollzug der Auflagen bewillige ich
Frist bis 1.August ds.Js.

J.V.

[Unterschrift]

An Herrn
Konrad Daub,Güterbestätter
in Ziegelhausen.
===========================

Amtliche Auflage zum Zustand der Dunggrube beim *Haisl* an Konrad Daub, 1936

Neckarhelle 114 im alten Zustand und mit Misthaufen und *Haisl*

Gelegentlich gehörten späterhin durch Erbe getrennte Häuser einem einzigen Vorvater.

Leonhard Daub mit Familie vor der späteren Neckarhelle 112 im Jahre 1912

So war es in der *Neckarhelle 112*. Dieses Gebäude war ursprünglich, heute würde man sagen das Wirtschaftsgebäude zum Wohnhaus links daneben, der Nummer 114. Beide gehörten *Leonhard Daub*, später seinem Sohn *Konrad*, noch später je eines davon dessen beiden Kindern *Elisabeth* und *Ludwig*.

Nicht immer wurde erhalten, was erhaltenswert war, sondern fiel der Abrissbirne zum Opfer. Zum Beispiel das Haus des *Adam Wolf.*

Neckarhelle 110, Haus Wolf

Der eine oder andere Fremde kam in die *Neckarhelle,* wo er einer der Schönen gefiel und hängenblieb.

Einer der *Fremden* war der *Appe Jakob* und die Schöne war die *Daube Else,* später die *Appin* oder, selbst von Nicht-Verwandten, *Appe-Tante* genannt.

Er kam vom Kraichgau, aus *Zaisenhausen* und eröffnete in der neuen Heimat *Neckarhelle* sein Polsterergeschäft

und baute später dann dort auch sein neues Haus. Im Gegensatz zu der überwiegenden Anzahl der am Berg erbauten, errichtete er seine neue Heimstatt auf der Wiesenseite, *uff da Wiss,* wie man hier sagt.

Neckarhelle 109, Haus App

Selbst kinderlos gab es für die benachbarte Neckarheller Jugend bei *Appe-Ung'l* eine Schaukel, die aus festen Polsterergurten gefertigt war und zur Freude aller über der Werkstatttür hin und her schaukelte, von wo aus man, wenn man ordentlich hoch hinauf schwang, weit in den Garten hinaushüpfen oder fliegen konnte.

Auch hatte er bereits einen *Fernsprecher*. So hieß das damals, nicht Telefon oder sonstwie. Nein, Fernsprecher. Man ging in jenen Tagen, um zu telefonieren, zu einem Nachbarn, der über den Luxus eines *Fernsprechers* verfügte.

Herrliche Zeiten, in denen nicht an jeder Ecke und zu jedem möglichen und unmöglichen Zeitpunkt ein Handy klingelte.

Zwischenzeitlich war die *Neckarhelle* die *Heidelberger Landstraße* und sein Geschäft war in der *Heidelberger Landstraße 14*, nach damaliger Nomenklatur und Zählweise.

Nach dem Krieg kamen viele, wie überall in Deutschland, auch nach *Ziegelhausen* und in die *Neckarhelle*. Und wie die meisten, die aus den ehemaligen Gebieten im deutschen Osten und aus den Staaten des Balkan gewaltsam vertrieben worden waren, strömten sie nicht freiwillig zu uns und waren auch nicht immer willkommen, zumindest nicht in der Anfangszeit.

Im Laufe der Zeit jedoch wurden sie allesamt zu Neubürgern in unserer Heimat, angesehen und respektiert.

Und die nächste Generation war schon nichts anderes mehr gewohnt, als dass sie Einheimische waren.

Bisweilen zog es aber auch einen aus freien Stücken hierher.

Neckarhelle 113, Haus Brand

Und zur Bereicherung der heimischen Tierwelt und hiesigen Gefilde brachten sie auch gleich ihren *Franzl* mit.

Franzl, ein Deutscher Vorsteherhund

Es wurde aber nicht nur im Kerngebiet der *Neckarhelle* auf den ehemaligen Neckarwiesen neu gebaut, sondern, wo Platz war oder durch Abriss geschaffen wurde, gelegentlich auch auf der Bergseite. Es entstanden auch gänzlich neue Wohngebiete. So wurde zum Beispiel der *Wingertsberg* erweitert, in weiten Teilen neu erschlossen und überbaut.

Blick von Schlierbach auf den verschneiten *Wingertsberg*

Die alten Häuser standen jedenfalls ab der *Stiftsmühle* neckaraufwärts, *Haarlaß* und *Stift Neuburg* ausgenommen. Das kann man in grober Annäherung so sagen.

Die meisten von ihnen waren Ausdruck bäuerlich geprägten Lebens.

Viele hatten eine Scheune, eine Scheuer oder einen Schopfen, wie es hier hieß. Andere hatten daneben aber auch eine Werkstatt oder ein kleines Lädchen, wieder andere eine Gaststätte. Die meisten hatten auf jeden Fall, ob am Berg oder auf der Neckarwiese, die weithin sichtbaren Schuppen zum Wäschetrocknen, die das typische Bild ergaben, deren Latten auf Lücke standen, damit der Wind ordentlich durchfegen und die Wäsche trocknen konnte. Die traditionellen Schopfen eben.

Manche waren zweistöckig oder die Waschküche war gleich mit an sie drangebaut.

Mitunter diente ihr oberer Teil oder der hintere, je nachdem, auch als Heuboden oder es waren irgendwo in einer Ecke – in *Ziegelhausen* sagt man „… *in'ämä Egg* …" – die Hasenställe untergebracht, vielleicht auch ein Saustall oder sonstiges Kleinvieh.

Nicht jedes Gebäude, oder sagen wir treffender Bauwerk, war zum Wohnen bestimmt oder diente der Lagerung von Heu, Stroh oder Apfelwein, der Unterbringung von Schweinen oder Pferden, Ziegen, Kühen oder Schafen. Manches Häuschen war schlicht *s'Haisl* oder eine bescheidenen Hundehütte. Hier und dort gab es einen niedrigen Schweinkoben oder einen halbhohen Anbau zur Lagerung von allerhand Dingen des täglichen Bedarfs, wenn sie gerade mal keinen Bedarf darstellten.

Aber es gab auch ganz außergewöhnliche Bauwerke, in denen man weder wohnen noch etwas unterbringen konnte.

Ein *Gebäude* der besonderen Art. Der Neckarheller Brunnen

Da war zum einen in der unteren *Neckarhelle* der ein wenig in einer Nische versteckte *Neckarheller Brunnen* mit der Inschrift …

„Errichtet unter Bürgermeister I. Knobel, 1863.“

Und dann gab es zum zweiten noch das *Bergwerk* in der *Mausbach*.

Der Eingang zum Bergwerk

Das *Bergwerk* zu betreten war aufs Strengste verboten für die Kinder. Nach wenigen Metern, so hieß es, verlaufe ein Graben, ein tiefes Loch von rechts nach links, das man im Dunkeln nicht erkennen könne, und da fiele man unweigerlich hinein und sei – auf Nimmerwiedersehen – für alle Zeiten verschwunden.

So lange es geöffnet war, ist meines Wissens kein Kind darin verschwunden und es hat die Mär auch keines davon abgehalten, in den dunklen, feuchten, leise plätschernden und unheimlichen Schacht ein Stück weit hineinzukriechen und nach dem tiefen Loch zu suchen …

Das Bergwerk, Eingangsschacht

… oder zumindest das herrliche Echo auszuprobieren.

1893 war mit dem Abbau von Manganerzen begonnen worden, 1894 war man bei 393 Metern angelangt und bei 460 Metern schließlich lohnte sich der Abbau nicht mehr und das *Bergwerk* wurde Geschichte, wie die Sache mit dem tiefen Loch.

Später wurde der Eingang sehr zum Leidwesen der jungen Abenteurer verschlossen. Leider!

Die Häuser und ihre Nebengebäude wurden also nicht nur – wie heute weitgehend – zum Wohnen genutzt, sondern dienten gleichzeitig dem Broterwerb oder zumindest einem Nebenerwerb.

Haus Rudolf, später Heinrich Bückle, Spenglerei. Heute Neckarhelle 94

Alte Scheuern wurden Stück für Stück in Werkstätten umgewandelt und je mehr die ehemalige Landwirtschaft abnahm, umso größer wurde der neue Betrieb, bis schließlich von der einstigen Bestimmung nichts mehr zu erkennen war.

Häuser Bückle, Baust, Wolf, Brunner. Heute Neckarhelle 94 – 88

Haus Lorenz Bischoff, später Karl Heidenreich. Bäckerei. Heute Neckarhelle 86. Rechts
Ruth Heidenreich als Festtagsdame

Viele der schönen Häuschen wurden umgebaut und dadurch verändert.
Manche Schmuckstücke blieben – zum Glück – erhalten.

Haus Daub. Heute Neckarhelle 87

Haus Schmitt, alt und neu. Heute Neckarhelle 82

In jedem Falle sind es gelungene Modernisierungen, die den fremden Betrachter genauso erfreuen.

Haus Daub-Brunner

Haus Dieter, heute Neckarhelle 75

Neckarhelle 78. Einst und heute. Links mit dem Hinweisschild zur Campingplatzeinfahrt des Adam Wolf, die kaum zu erkennen und schwer zu finden war.

Ab und zu könnte man auch fast die allseits bekannte Hymne „*... auferstanden aus Ruinen ...*" anstimmen.

Haus Rink. Heute Neckarhelle 74–76

Die *Neckarhelle* war ein altes Sträßchen. Ehedem wurde sie von *der Bach* durchflossen, einem Abzweig der *Steinbach*, die bei der Stiftsmühle ihre Wässer und Abwässer dem *Neckar* zuführte.

Die Bach floss offen an oder unterhalb der Straße, zum Teil durch die Grundstücke auf der Neckarseite, die Neckarwiesen. Die dahinter liegenden Grundstücke und Häuser waren an vielen Stellen nur dadurch zu betreten, dass schwere Steinplatten, früher sicher aus Sandstein, später vielleicht aus Beton, über die *Bach* gelegt worden waren, über die man gehen musste.

Irgendwann war das nicht mehr zeitgemäß, *die Bach* wurde kanalisiert und war von nun an endgültig verschwunden.

Auch sie gehörte der Vergangenheit an.

Ihren Verlauf kann man heute nur noch an den Kanaldeckeln erahnen, die ungefähr dem alten Flussbett, dem Bachbett, entsprechen.

Alte Zeiten

Irgendwann rollten dann die Bagger an, die Arbeiter rückten dem altehrwürdigen Fahrweg mit der Spitzhacke und der Schaufel auf den Leib. Es wurde modernisiert, ohne Wenn und Aber.

Zeit der Neugestaltung

Ob es hinterher wirklich schöner war, bleibt jedem zur Beurteilung selbst überlassen. Mit Sicherheit war es nötig, denn …

Haus Ebert (links). Heute Neckarhelle 46

… wenigstens hatte man jetzt für die großen Umzüge mehr Platz für Teilnehmer und Zuschauer.

Haus Heinrich Bähr *Bähre Hoiner* und *Wirsching*. Heute Neckarhelle 41 – 43

Auch konnte jetzt der Platz vor den Geschäften etwas großzügiger gestaltet werden. Allerdings machten die Bauarbeiten leider nicht immer Halt vor den angrenzenden Häusern und sie beschränkten sich nicht ausschließlich auf die Straße selbst.

Haus Michaeli. Heute Neckarhelle 20

Haus Weber. Später Gustav Geiger.
Heute Neckarhelle 12

Gemüse- und Fischhandel von Valentin Bückle. Heute Neckarhelle 20

Von Umbauten sehr zum Nachteil des Gesichtes der *Neckarhelle* war schon die Rede.

Von Abriss noch nicht. Und doch sind nicht mehr alle Häuser vorhanden, die einst den Wegrand zierten.

So ist das Hirtenhäuschen komplett von der Bildfläche verschwunden und nur noch Fotografien zeugen von seiner einstigen Existenz.

Das Hirtenhäuschen. Einst Heidelberger Landstraße 48

Einem Neubau und der Einfahrt von der Umgehungsstraße her Platz machen, musste auch die ehemalige Lutherische Kirche, oder wie sie auch genannt wird, die Alte Schule, die *Ald Schuul*, und das daneben stehende Gebäude.

Dass auch ihre Bewohner weichen mussten, liegt mehr in der Tatsache begründet, dass unser Leben endlich ist.

Lutherische Kirche, *die Ald Schuul.*   Ludwig Daub, einer ihrer letzten
Bewohner

Haus *Kunzi* im Jahre 2009. Heute Neckarhelle 5

Allein, wer sich bislang tapfer gegen das Vergessenwerden wehrt, ist das Haus der alten Frau *Kunzi*, die dort lange, bis ins hohe Alter hinein, ihr kleines Geschäftchen oft bis spät in die Nacht geöffnet hielt.

Ein letztes, ein allerletztes kleines Stückchen liebenswerter ururalter *Neckarhelle*.

Haus *Kunzi* im Jahre 2009. Heute Neckarhelle 5. Eingangstür zum ehemaligen Geschäft

Die Neckarhelle heute

Bevor es jedoch soweit kam, hat manch eine künstlerische Hand glücklicherweise den alten Zustand mit einem Stift auf einem Stück Papier festhalten können.

Gerhard Rottermann. Die Obere Neckarhelle. 1946

20. Schule

Dass die Neckarheller nicht *bleed* sind und wie andere auch zur Schule müssen, ist klar.

Zeugnisheft von 1926 – 1928, Fortbildungsschule

Eine Schule gab es in der *Neckarhelle* auch, nämlich in dem alten Schulhaus rechts von der *Rose*.

Später, im Jahre 1905, wurde das neue Schulhaus eingeweiht, die *Neckarschule*, aber die war nun nicht mehr in der eigentlichen *Neckarhelle* und gehört somit in eine andere Chronik.

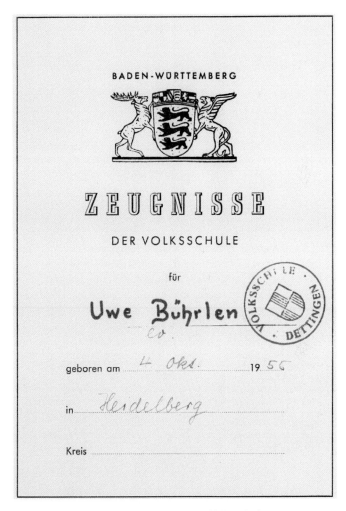

Zeugnisheft 1962 – 1966, Volksschule

Nach Beendigung der Schulzeit ging meist jeder seiner Wege, lernte einen Beruf, heiratete, die Kinder kamen. Etliche zogen weg, andere blieben. In Erinnerung an alte Zeiten konnte man bei Klassentreffen schwelgen, zu denen auch die Auswärtigen zum Teil weit herbeigereist kamen.

Klassentreffen des Jahrgangs 1911 – 1912 mit Neckarheller Beteiligung. Kirfl (1. vorne links), Bähre Lissl (3. Reihe, 2. von links) Karl Daub, Lisbeth Frank, Gustav Geiger (letzte Reihe von links)

Die Bubenklasse desselben Jahrgangs 1911 – 1912

Wer erkennt wen wieder …?

Schuljahrgang 1913 – 1914 mit Schuldiener Knobel

Und wer entlassen wurde …

Entlassungsjahrgang im Jahre 1950 mit Lehrer Otterbeck

... der musste auch einmal seinen ersten Schultag gehabt haben und mit ihm das obligatorische Klassenbild.

Erstklässler im Jahre 1962 mit Lehrerin Otterbeck

Schöne Erinnerungen an eine vielleicht gar nicht so üble Zeit.

Kinderschulklasse im Jahre 1926

Diese hier waren sicherlich noch entschieden unbefangener und unbelasteter und sie wussten Gott sei Dank nicht, was alles auf sie zukommen würde.

21. Neckarweg und Neckarwiesen

Der *Neckar*, sein *Leinpfad* und seine Wiesen waren schon immer nicht nur Bestandteil und Beiwerk sondern wichtige Grundlage des Gemeinwesens. Dort wurde die Wäsche aufgehängt, getrocknet und gebleicht.

Bleich- und Trockenwiese am Neckar

Da wuchsen die Obstbäume, Äpfel, Birnen, Zwetschgen, Mirabellen und Kirschen, und bescherten reiche Ernte.

Gelegentlich machte man sich zum Dieb

Dort konnten sich die Anwohner erholen und die Kinder spielen.

Man traf sich zum Plausch nach getaner Arbeit. Das Leben spielte sich auch dort unten ab.

Kleine Pause bei der Heuernte auf einer der Neckarwiesen

Und ganz offensichtlich diente das Motiv des Flusses auch und das zu allen Zeiten als Hintergrund für viele Familienfotografien.

Familienbesuch aus der *Stadt* im Jahre 1942

Und kam die Verwandtschaft aus der Stadt, war der Spaziergang am *Neckarweg* unvermeidlich.

Das Motiv war fast schon Tradition. Obligatorisch sozusagen.

Am Neckarweg Ende der dreißiger Jahre

An derselben Stelle 1950 und ca. 1958

Allerdings war wohl nicht immer, wie unten rechts zu befürchten, das Objekt der fotografischen Ambitionen mit dem Künstler einer Meinung.

Bei diesen beiden war dies nicht der Fall. Denen schien wohl eher die Sonne in die Augen und verfinsterte ihre Gesichtszüge.

Alma Schmeisser und Mathilde Gmelin, beide geborene Reinhardt, aus der *Stiftsmühle*

Und es hörte nicht auf ...

Am Neckarweg ca. 1962

… bis die notwendige Umgehungsstraße alles zunichte machte. Der *Leinpfad* gehörte endgültig der Vergangenheit an, nachdem er seine eigentliche Funktion schon lange zuvor eingebüßt hatte.

Auf einer der vielen Bänke am Neckarweg. Ca. 1967

Die Stützmauer an der Umgehungsstraße

Der *Leinpfad* oder *Neckarweg* ist zu einem schmalen Gehsteig unterhalb des überhängenden Umgehungsstraßentrottoirs verkommen. Die Neckarwiesen sind verbaut.

Die Bänke am *Neckar* waren ... und sie sind es allem zum Trotz auch noch heute ... ... Stätten der Rast und Ruhe und Orte der Begegnung am Flussufer ...

Der Neckarweg mit Bank; damals und heute!

... und die Wiesen Treffpunkt für sportliche Veranstaltungen ...

NECKARHELLER SCHWIMMKURS 1932

hintere Reihe v.l. Peter Hertel, Karl Laier, Walter Daub,
Ludwig Daub, Peter Müller, August Hertel.
mittl. Reihe v.l. Ernst Rössig, Helene Arnold, – – –
Anneliese Wolf, Gretel Maier, Margarete Rössig, Wilhelm
Bückle, Marianne Rink, Liesel Bückle, Karl Laquar.
vorn v.l. Gustel Wolf, Else Maier, Gertrud Brunner.

Grenzsteinziehung am Neckar im Jahre 1927

22. Schäänä Meedlä

Die *Neckarhelle* wird wohl mit die längste, wenn nicht **die** längste Straße von *Ziegelhausen* sein. Vom *Ruß* bis zur *Roos'* ist es ein langer Weg und viele schöne Häuser zieren ihren Straßenrand.

Und wer sie aufmerksam durchwandert, wird nicht nur schöne Häuschen betrachten, sondern hier und da auch einmal die neugierigen und listigen Augen eines der vielen *schäänä Meedlä* hinter dem Vorhang aufblitzen sehen.

Wer würde glauben, dass es sogar Misswahlen gegeben hat?

Es gab sie. Ein Beweis hierfür ist die *Miss Neckarhelle Schärpe*.

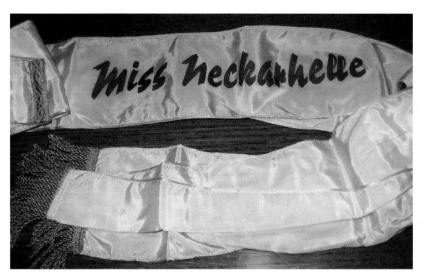

Miss Neckarhelle – Schärpe der Ruth Heidenreich

Die gute Neckarluft, die frischen grünen Wiesen, vielleicht auch ab und zu ein Schoppen selbst gekelterten unverdorbenen Mostes, alles das hat wohl zu allen Zeiten zum guten Teint der Damen entscheidend beigetragen.

Anna Erlewein geborene Daub. Ca.1914   Else App geborene Daub, ihre Nichte. Ca. 1900

Vielleicht lag es, wie oben, auch manchmal an und in den Genen.

Emma Müller geborene Speckert. Die
Mutter vom *Kirfl*

Klara Erlewein, später Schmitt
geborene Wolf

Ab und an diente ein Pelz oder ein schickes Hütchen als schmückendes fotografisches Beiwerk ...

... oder ein Tier in anderer Form.

Elisabeth Sieber
geb. Hofstetter

Sophie Rottermann
geb. Simon

Die einen verließen die Heimat und kehrten nicht wieder, während andere nur vorübergehend in der Fremde weilten.

Lotte Meisenberg geb. Schmitt, später im
Rheinland

Lisbeth Frank geborene Daub, hier
vorübergehend in Stuttgart.

Die meisten waren schon als Kinder *goldische Krotte*.

Helga Hofmann, geborene Daub

Ernschdl und Karin Wolf

Meist hatten die Familien früher mehr als ein oder zwei Kinder …

Else App mit ausschließlich weiblicher Verwandtschaft

... und damit auch mehr als eine oder zwei Schwiegertöchter und konnten entsprechend mit mehr als einem *schäänä Meedl* aufwarten.

Gelegentlich gab es aber auch – ausgleichende Gerechtigkeit – das Gegenteil. Schließlich, *schäänä Meedlä* brauchen auch *schäänä Buuwä*.

Ellen, Clärchen, Liesel und Else Wolf mit Schorschl

Konrad, Berta, Robert, Emil und Dieter Baust

Früh übt sich … und schon hatten die *schäänä Meedlä* ihre Geschwister am Hals oder das Nachbarskind.

Elfriede Frank und Gitta Harmann mit Ingrid Frank und Peter Harmann

Karin Wolf und Heidi Mayer mit Uwe

… goldisch …

Christa Eubler, Waltrud Daub und Ingrid Frank

... awwa hald monschmool aah Gänns.

Elfriede Frank und Elisabeth Hofstetter

Und dass aus *schäänä Meedlä, goldische Grodde* und *Gänns* manchmal herzerfrischende *alde Meedlä* werden und für Furore im lokalen Anzeiger sorgen können, dafür gibt es unwiderlegbare Beweise.

Frau Barbara Weber geb. Michaeli an ihrem 90. Geburtstag 1938. Urgroßmutter von Gerhard Rottermann. Als älteste Ziegelhäuserin und damit zwangsläufig, da sie in der Neckarhelle wohnte, auch älteste Neckarhellerin, beim Fototermin unterhalb des *Kuucheblechs.*

Und wenn sie dann noch, wie im obigen Beispiel, so überaus charmant mit der Linse des Kameramanns kokettieren, dann, und damit sind wir wieder am Anfang, muss man sich fragen, ist es die gute Neckarluft, sind es die frischen grünen Wiesen, vielleicht auch ab und zu ein Schoppen selbst gekelterten unverdorbenen Mostes oder sind sie halt einfach so, in der *Neckarhelle,* im übrigen *Ziegelhausen* oder gar überall

...

... die *Schäänä Meedlä* ...

Ziegelhausen's älteste Einwohnerin

Wie wir gestern kurz berichteten, feierte am Samstag Frau Barbara Weber geb. Michaeli, Ziegelhausen, Heidelberger Landstraße 57, des seltene Fest des 90. Geburtstages. Zahlreiche Gratulanten hatten sich gestern bei der Jubilarin eingefunden, unter ihnen auch Bürgermeister Oden-

Aufnahmen: Weber

wälder, der die älteste Einwohnerin im Namen der Gemeinde Ziegelhausen beglückwünschte und ihr ein Blumenangebinde überreichte.

Frau Barbara Weber beging den Tag ihres 90. Geburtstages in seltener körperlicher und geistiger Frische. Es ist erstaunlich, wie sich die Neunzigjährige noch der Ereignisse ihrer frühesten Jugend erinnern kann. Gern erzählt sie aus ihrem arbeitsreichen Leben, hat sie doch viele Jahrzehnte am Waschzuber gestanden. In dem Haus, das sie heute noch bewohnt, ist Frau Weber übrigens auch geboren. Auf unsere Frage, wie man es mache, so alt zu werden, meinte Frau Weber lachend: „Feste schaffen und vernünftig leben.“

Anzeige in der Zeitung zum 90. Geburtstag von Frau Barbara Weber im Jahre 1938

23. Schäänä Buuwä

... oder auch, wie die Oma zu sagen pflegte, ... *sauwarä Monnsleit* ... , gab es, wer wollte das in Frage stellen, in der *Neckarhelle* ebenfalls.

Adam, Paul (gefallen 1916) und Katharina Wolf

Ob jung, ob alt, ob in Uniform oder ohne, immer stellten sie etwas Stattliches dar.

Wenn auch die Zeit nicht spurlos an ihnen vorüberging, die Kinder kamen und gingen, die Enkel kamen und sie selbst schließlich ihren letzten Weg antreten mussten, viele haben sich einen respektablen Platz im Gedächtnis der Zurückgebliebenen verschafft.

Manch einer sogar über die nächste Generation hinaus.

Adam Wolf. Rechts mit Enkeltochter Karin im Jahre 1942

Konrad Daub

Johann Wolf auf seinem Fährschiff

Militärisch, schneidig oder sportlich an sich, dafür sorgten nicht zuletzt die Vereine.

Ludwig Daub (vorne Mitte) mit Sportkameraden

Konrad Baust (ganz hinten, 2. von rechts) mit den Freien Turnern 1933

Kaum den kurzen Hosen entwachsen – auch das war noch nie und nirgendwo anders – folgte schon die nachkommende Generation.

Hanns Reinhardt mit Tochter Helga. Nachkomme von Georg Reinhardt aus der *Stiftsmühle*

Pieter Welscher, Schatzmeister des Neckarheller Vereins. Urenkel des Fährmanns Johann Wolf

Roland Weirich, Emil Beisel und Herbert Hottenstein. Drei *Schääne Buuwe* in lustiger Runde

Ludwig Daub, Lisbeth und Hans Frank, Herbert Hottenstein bei einer kleinen
Verschnaufpause

Pause in der *Klause*

24. Schäänä Kinna

Wo's *schäänä Meedlä* und *schäänä Buuwe* gibt, muss es zwangsläufig, das will die Natur so, auch *schäänä Kinna* geben, oder ...

... *Schääne Meedlä unn' schääne Buuwe krijä aah schääne Kinna ... meischd'ns wänigschd'ns.*

Katharina Daub mit Lisbeth und *Lui*

Anna Daub mit Karl,
Hermann und Rudolf

In vielen Fällen waren die Familienfotografien Erinnerungsbilder, die im Feld, ob in Russland oder in Frankreich oder sonstwo, an die Lieben zu Hause erinnern sollten.

Und nicht in jedem Fall kehrten die Fotos, wie glücklicherweise in den vorliegenden Fällen, mit ihren Besitzern in die Heimat zurück.

Fritz und Emma Müller mit Justus, Hans *Kirfl* und Anna

Mehr als ein Kind zu haben, war im Gegensatz zu heute der Normalfall.

Georg, Hanns, Alma und Mathilde Reinhardt aus dem Hotel *Stiftsmühle*

Selbstverständlich trafen sich, spielten und zankten die Kinder auf der Straße oder sie saßen, oft zusammen mit den Erwachsenen, auf der Bank unter dem berühmten Birnbaum, dem *Biireboom*.

Nachbarschaft mit Kindern

Gelegentlich bevorzugten es die *Damen* ohne *Männergesellschaft* den Tag zu gestalten.

Helga Daub und Clärchen Wolf

Oder der Cousin mit seiner Cousine.

Ernst Wolf und Cousine Lotte Schmitt

Oder Nachbarskind mit Nachbarskind.

Bärbel Schmidt und Uwe Bührlen

Natürlich kamen an Kindergeburtstagen neben der Verwandtschaft auch die Nachbarskinder vorbei.

Kindergeburtstagsrunde bei Rössig

Ab und zu benahm sich auch mal einer daneben und – wurde später dennoch geachteter Vereinsvorsitzender.

Fehltritt mit rausgestreckter Zunge

Was in der Regel nicht so schlimm war, wenn man bei der Oma oder dem Opa aus der Rolle fiel. Die waren von jeher großzügiger und nachsichtiger und erzogen nicht so sehr an einem herum.

Willi Hofstetter mit Enkeln Bettina, Andrea, Chris, Catarina und Martin

Früh übt sich ... und wer sich ein wenig Geld dazu verdienen wollte, hütete die Nachbarskinder.

Babysitter Ingrid Frank und Ursel Hertel

Und wer das schließlich nach Jahrzehnten alles hinter sich hatte …

Der *Kirfl* auf einem Klassentreffen des Jahrgangs 1911 – 1912

… der ließ sich anlässlich eines Klassentreffens, zum Beispiel, von seinen eigenen Erzählungen und den Erinnerungen der anderen in die vielleicht schöne Kindheit zurückführen.

Jung und Alt am Dorfbrunnen

25. Und zu guter Letzt noch einmal ... Die Neckarhelle

Die *Neckarhelle* ist nicht mehr das, was sie früher einmal war.

Stift und Stiftsmühle von Schlierbach aus gesehen

Sie wird auch nicht so bleiben, wie wir sie früher einst kannten.

Die Neckarhelle Anfang der fünfziger Jahre

Und sie bleibt nicht so, wie sie jetzt ist, jetzt da wir in ihr leben.
Sie wird Fremde aufnehmen, wie sie immer Fremde aufgenommen hat.

Neckarhelle 1962

Sie wird sich verändern, wie sie sich immer verändert hat.

Die Neckarhelle Ende der sechziger Jahre

Die *Neu-Neckarheller* werden Veränderungen bewirken und Neues mitbringen, aber auch Althergebrachtes aufnehmen und sich am gemeinsamen Leben beteiligen.

Der Sommertagszug, allseits beliebt und zahlreich besucht, ist ein schlagender Beweis dafür.

Und ...

... sie werden Mitglieder, werden im Neckarheller Verein, der zusammen mit allen anderen Vereinen das Bild und das Leben in unserer Heimat zu gestalten bemüht ist.

Schwer genug neben dem großen Bruder oder der lieblichen Schwester nebenan, *Heidelberg* nämlich, ...

... von dem man doch *nur noch* als ein Stadtteil übrig geblieben ist.

Dazu werden weitere 125 Jahre nicht reichen.

Viel Glück

Dankeswort

Allen, auch jenen, die nicht mit Fotografien und Informationen dienen konnten, sei Dank gesagt. Sie mussten sich immerhin der Mühe unterziehen und meine Bittbriefe lesen und haben es mit Geduld und Fleiß getan.

Gebrüder Bähr, die *Bähre-Buuwe*, Dieter Baust, Bella Berger, Siegfried Geiger, Helga und Paul Heidenreich, Friedlinde Hess, Kurt und Günter Horn, Herbert Hottenstein, Horst *Hucky* Huck, Helmar Keller, Stuttgart, Gertrud (†) und Karl Klaus, Eppelheim, Werner Klose, Marianne König, Schlierbach, Elisabeth Krebs, Gabriele Kruckenberg, Familie Claudia und Klaus Lorenz, Linz an der Donau, Österreich, Inge Langner, Lucie und Gebhardt Mahl, Bernhard und Franz Martus, Dieter Marx, Erich und Ilse Mohr, Peter Moll, Elke und Karlheinz (†) Pirsch, Baden-Baden, Ursula, Rainer und Holger Rössig, Gerhard Rottermann, Birkenau, Bernhard Schüle, Ruth Schwarz, Drs. Walter Stoll und Stefan Aichinger sowie ihren Praxishelferinnen, Pia Strunz, Sigrid Stubenrauch, Dr. Friedhelm Sütterlin, Wiesloch, Gertrud, Herbert und Pieter Welscher, Roland Wetzel, Ruth Winkler, Eleonore und Ernst Wolf.

Es konnten nicht alle Bilder verwendet und mit aufgenommen werden, die Auswahl war groß und sie musste subjektiv bleiben. Viele waren auch recht ähnlich und manches Mal war das Auswahlkriterium auch einfach die Qualität der alten Aufnahme. Aber ich glaube, das Typische ist eingefangen.

Neckarheller *Trottwar Klub* an Fastnacht 1950

Ich habe auch niemanden fragen können, ob sie oder er einverstanden ist, dass ihre oder seine Fotografie oder die eines Vorfahren hier erscheint.

Ich hoffe und denke, jeder hätte freudig zugestimmt.

Es grüßen ... die Neckarheller.

Die Wappen von Ziegelhausen und Heidelberg